EL PODER DEL PENSAMIENTO

SU DOMINIO Y CULTURA

ANNIE BESANT

ALICIA ÉDITIONS

ÍNDICE

PREFACIO DEL EDITOR

Annie Besant (1847-1933) fue una figura emblemática de la Sociedad Teosófica, una organización mundial que aspira a despertar la sabiduría y conocimiento de los misterios del universo y del ser humano.

En este libro, la cuestión central es la siguiente : ¿cómo el poder del pensamiento puede cambiar nuestra realidad? Con nuestros pensamientos, ¿cómo podemos librarnos de las dificultades y de las molestias de la vida cotidiana? Annie Besant piensa que esto es posible, que se puede conseguir nuestros deseos con el poder de nuestra mente.

Alicia Éditions

CAPÍTULO 1

INTRODUCCIÓN

El valor del conocimiento se pone a prueba por su poder de purificar y ennoblecer la vida, y todo estudiante ansioso desea aplicar el conocimiento teórico adquirido en el estudio de la Teosofía, a la evolución de su propio carácter y al auxilio de su prójimo. Para tales estudiantes es para quienes se escribe la serie de artículos, de los cuales es éste el primero, con la esperanza de que una mejor comprensión de su propia naturaleza intelectual, le sinduzca a cultivar determinadamente lo que haya de bueno en ella y extirpar lo que haya de malo. La emoción que impulsa a llevar una noble vida, sólo se aprovecha a medias si la clara luz de la inteligencia no ilumina la senda de conducta; pues así como el ciego se sale del camino sin saberlo hasta que cae en un poso, así la persona por la ignorancia, se aparta del camino de la vida recta hasta que cae en el abismo del mal obrar. Verdaderamente, Aidya es privación de conocimiento, el primer paso que lleva de la unidad a la separación; y sólo a medida que desaparece, disminuye la última, hasta que su completa desaparición devuelva la paz Eterna.

EL YO (SELF) COMO CONOCEDOR

Al estudiar la naturaleza del hombre, separamos al Hombre de los vehículos que usa, el Yo viviente, de las vestiduras con que está envuelto. El Yo es uno, por variados que sean sus modos de manifestación al funcionar a través y por medio de las diferentes clases de materia. Es, por supuesto, verdad que sólo existe Un Yo; que así como los rayos surgen del sol, los Yos que constituyen los Hombres verdaderos no son sino rayos del Yo supremo, y cada Yo puede murmurar: "Yo soy El". Pero para nuestro objeto presente, considerando un solo rayo, podemos también afirmar su propia unidad inherente aun cuando esté oculta bajo sus formas. La Conciencia es una unidad, y las divisiones que hacemos en ella, o son hechas con propósito de estudio, o son ilusiones debidas a las limitaciones de nuestro poder de percepción causadas por los órganos por cuyo medio funciona en los mundos inferiores. El hecho de que las actividades del Yo proceden separadamente de sus tres aspectos de querer, sentir y conocer, no debe cegarnos respecto del otro hecho de que no existe separación de substancia; todo el Yo quiere, todo el Yo conoce. Ni tampoco las 'funciones son totalmente separadas; cuando quiere también siente y conoce, cuando siente también quiere y conoce, cuando conoce también quiere y siente. Una función es siempre predominante y algunas veces hasta tal punto, que vela por completo a las otras; pero hasta en la concentración más intensa del conocedor - la más separada de las tres funciones - siempre hay presente un sentimiento y un querer latente; discernibles como presentes por un análisis atento. No es fácil esclarecer el concepto fundamental del Yo más que lo hace su mero nombre. El Yo es ese Uno consciente, senciente y siempre existente, que en cada cual de nosotros se reconoce como un ser. Ningún hombre puede pensar de sí mismo como no existente, o formularse, a sí mismo como "Yo no soy". Según lo expresa Bhagavan Das; "El Yo es la primera base indispensable de la vida..." Según las palabras de Vashaspati-Mishra, en su Comentario (el Bhamati) sobre el Skarriraka Bashya de Shankaracharya: "Nadie duda, ¿Yo soy? o ¿No soy?". La afirmación de Sí mismo "Yo soy", se presenta antes que ninguna otra cosa, se halla por encima y fuera de todo argumento. Ninguna prueba puede darle más fuerza; ninguna refutación puede debilitarlo. Tanto la prueba como la refutación se encuentran ellas mismas en "Yo soy". Cuando observamos a este "Yo soy", vemos que se expresa de tres modos diferentes: a) lanzando energía la VOLUNTAD, a la cual la acción es inherente; b) la respuesta interna por el placer o por el dolor al choque externo, el SENTIMIENTO, la raíz de la emoción; e) la reflexión interna de un No-Yo, el CONOCIMIENTO, la raíz del pensamiento, "Yo quiero", "Yo siento", "Yo sé": estas son las tres afirmaciones del Yo indivisible, del "Yo soy". Todas las actividades pueden clasificarse bajo uno u otro de estos títulos; el Yo sólo se manifiesta en nuestro mundo de estos tres modos; así como todos los colores arrancan de los tres primarios, así las innumerables actividades del Yo arrancan todas de la Voluntad, del Sentir y del Conocer. El Yo como el que quiere, el Yo como el que siente, el Yo como el que conoce: él es el Uno en la

Eternidad y también la raíz de la individualidad en el Tiempo y en el Espacio. El Yo en su tercer aspecto, el Yo como Conocedor, es el que vamos a estudiar.

EL NO-YO COMO LO COGNOSCIBLE

El Yo, cuya "naturaleza es conocimiento"; ve reflejadas en sí mismo un gran número de formas, y aprende por experiencia que no puede querer, sentir, ni conocer en y por medio de ellas. Descubre que estas formas no se sujetan a su dominio como lo está la primera forma de que tuvo conciencia, y la cual aprende (erróneamente) a identificar consigo mismo. El quiere, y en ellas no percibe movimiento alguno respondiente; él siente, y no muestran signo alguno; él conoce, y no comparten el conocimiento. El no puede decir en ellas: "Yo quiero", "yo siento", "yo conozco"; y finalmente las reconoce como otros yos en las formas minerales; vegetales, animales, humanas y sobrehumanas, y las generaliza a todas bajo un término comprensible, el No-Yo, aquello en que él, como yo separado, no está, en que él no quiere, ni siente, ni conoce. Durante largo tiempo contestará de este modo a la pregunta: "¿Qué es el No-Yo?" "Todo aquello en que no quiero, ni siento, ni conozco". Y aunque, verdaderamente, haga un análisis final, encontrará que también sus vehículos excepto la película más sutil que hace de él un Yo, son partes del No-Yo, son objetos de conocimiento, son lo Cognoscible, no el Conocedor, para todo objeto práctico su contestación es exacta.

EL CONOCEDOR

A fin de que el Yo pueda ser el Conocedor y el No-Yo lo Cognoscible, hay que establecer entre ellos una relación definida. El No-Yo tiene que afectar al Yo, y el Yo a su vez tiene que afectar al No-Yo. Entre los dos debe haber un cambio de relación. El Conocedor es una relación entre el Yo y el No-Yo, y la naturaleza de esta relación debe ser lo primero que tratemos; pero conviene comprender antes con claridad el hecho de que el conocer es una relación. Implica dualidad, la conciencia de un Yo y el reconocimiento de un No-Yo, y la presencia de los dos en contraposición uno de otro es necesaria para el conocimiento. El Conocedor, lo Cognoscible, el Conocer, éstos son los tres en uno que deben ser comprendidos si el poder del pensamiento ha de dirigirse a su debido objetivo, el auxilio del mundo. Con arreglo a la terminología occidental, la Mente es el Sujeto que conoce; el Objeto es lo cognoscible; la relación entre los dos es conocimiento. Debemos comprender la naturaleza del Conocedor, la naturaleza de lo Cognoscible y la naturaleza de la relación establecida entre ambos y cómo se origina tal relación. Una vez esto comprendido, habremos, en verdad, dado un paso hacia este conocimiento de sí mismo, que es sabiduría. Entonces, verdaderamente, podremos ayudar al mundo que nos rodea, convirtiéndonos en sus auxiliares y salvadores; pues éste es el verdadero fin de la sabiduría, qua habiendo prendido fuego por el amor, puede sacar al mundo de la desgracia, dándole el conocimiento en el cual cesa para siempre todo dolor. Tal es el objeto de nuestro estudio; pues con verdad se dice en los libros de esa nación que posee la sicología más antigua, y sin embargo, la más profunda y sutil, que el objeto de la filosofía es poner fin al dolor. Para esto el Conocedor piensa, para esto se busca constantemente el conocimiento. Hacer cesar el dolor es la razón final de la filosofía, y no es verdadera sabiduría la que no conduce a encontrar la PAZ.

CAPÍTULO 2

LA NATURALEZA DEL PENSAMIENTO

La naturaleza del pensamiento puede estudiarse desde dos puntos de vista; desde el lado de la conciencia, la cual es conocimiento, o desde el lado de la forma por cuyo medio se obtiene el conocimiento, y cuya susceptibilidad a las modificaciones hace posible el alcance de éste. En filosofía hay dos extremos que debemos evitar, porque cada uno de ellos ignora un lado de la vida manifestada. Uno considera todo como conciencia, ignorando la esencialidad de la forma para condicionar la conciencia, para hacerla posible. El otro considera todo como forma, ignorando el hecho de que la forma sólo puede existir en virtud de la vida que la anima. La forma y la vida, la materia y el espíritu, el vehículo y la conciencia, son inseparables en la manifestación y son los aspectos indivisibles de AQUELLO a lo cual son inherentes, AQUELLO que no es la conciencia ni su vehículo, sino la raíz de ambos. Una filosofía que trate de explicarlo todo por medio de la forma, ignorando la vida, encontrará problemas que le será imposible resolver. Una filosofía que trate de explicarlo todo por medio de la vida ignorando las formas, se encontrará con muros espesos que no podrá franquear. La última palabra en esto es que la conciencia y sus vehículos, vida y forma, materia y espíritu, son las expresiones temporales de los dos aspectos de la Existencia no condicionada, la cual no es conocida sino excepto cuando se manifiesta como la Raíz del Espíritu (llamada por los indios Pratyagatman) , el Ser abstracto, el Logos abstracto de donde provienen todos los yos individuales, y la Raíz de la materia (Müalprakriti) de donde provienen todas las formas. Siempre que tiene lugar la manifestación, la Raíz del espíritu da nacimiento a una triple conciencia y la Raíz de la materia a una triple materia; bajo éstas está la Realidad Una, por siempre incognoscible por la conciencia condicionada. La flor jamás ve la raíz de donde crece, por más que su vida toda sale de ella y que sin ella no podría existir. El Yo como Conocedor, tiene como función característica el reflejo dentro de si mismo elNo-Yo. Así como una placa sensible recibe los rayos reflejados de los objetos, y estos rayos causan modificaciones en la materia sobre la que caen, de suerte que puedan obtener imágenes de los objetos, así sucede con el Yo en su aspecto del conocimiento, con referencia a todo lo externo. Su vehículo es una esfera en donde el Yo recibe del No-Yo los rayos reflejados del Yo Uno, haciendo aparecer dentro de él imágenes que son las reflexiones de aquellos que no es él mismo. El Conocedor no conoce las cosas mismas en las primeras etapas de su conciencia. Sólo conoce las imágenes producidas dentro de él por la acción del No-Yo en su ser respondiente, las fotografías del mundo externo. De aquí que la mente, vehículo del Yo corno

Conocedor, haya sido comparada a un espejo en el cual se ven las imágenes de los objetos colocados ante él. Nosotros no conocemos las cosas mismas, sino sólo el efecto que ellas producen en nuestra conciencia; no los objetos, sino las imágenes de los objetos, es lo que vernos en la mente. Lo mismo sucede con el espejo; parece que tiene los objetos dentro de él; pero esos objetos aparentes son sólo imágenes, ilusiones causadas por la mente: en su conocimiento del universo externo sólo conoce las imágenes ilusorias y no las cosas en sí mismas. Pero, pudiera preguntarse: "¿sucederá lo mismo siempre? ¿no conoceremos nunca las cosas en si mismas?" Esto nos conduce a la distinción vital entre la conciencia y la materia en que la ciencia funciona, y por su medio podremos encontrar una respuesta a esa pregunta natural de la mente humana. Cuando la conciencia, al cabo de una larga evolución, ha desarrollado el poder de reproducción dentro de sí misma, todo lo que existe fuera, entonces la envoltura de materia, en la cual ha estado funcionando, se desprende, y la conciencia, que es conocimiento, identifica su Yo con todos los demás Yos en medio de los cuales ha estado desenvolviéndose, y ve como No-Yo sólo la materia relacionada igualmente con todos los Yos por separado. Este es el "Día sed con nosotros", la unión que constituye el triunfo de la evolución, cuando la conciencia se conoce a sí misma y a las demás, y conoce a las demás como siendo ella misma. Por identidad de naturaleza se alcanza el conocimiento perfecto, y el Yo realiza ese estado maravilloso en donde la identidad no perece y la memoria no se pierde, pero donde termina la separación y donde el conocedor y el conocimiento se convierten en uno. Esta maravillosa naturaleza del Yo, que se desenvuelve actualmente en nosotros por medio del conocimiento, es lo que tenemos que estudiar a fin de comprender la naturaleza del pensamiento; y es necesario ver claramente el lado ilusorio a fin de que podamos utilizar la ilusión para transcenderla. Así, pues, estudiemos ahora como el Conocer - la relación entre el Conocedor y lo Cognoscible - se establece, y esto nos conducirá a percibir más claramente la naturaleza del pensamiento. Hay una palabra, vibración, que cada día que pasa se convierte más y más en la nota fundamental de la Ciencia de Occidente, así como desde hace largo tiempo lo ha sido de la de Oriente. El movimiento es la raíz de todo. La vida es movimiento; la conciencia es movimiento. El movimiento, al efectuar la materia, es vibración. Pensemos en el Uno, en el Todo, como inmutable, sin movimiento, puesto que en el Uno el movimiento no puede existir. Sólo cuando hay diferenciación o partes, podemos pensar en el movimiento, por ser el movimiento cambio de lugar en la sucesión del tiempo. Cuando el Uno se convierte en los muchos, entonces surge el movimiento, y éste es vida y conciencia cuando es rítmico y regular y es muerte e inconsciencia cuando es irregular y carece de ritmo. Porque la vida y la muerte son hermanas gemelas, igualmente nacidas del movimiento, el cual es manifestación. El movimiento tiene que surgir cuando el Uno se convierte en los muchos, puesto que cuando lo omnipresente ocasiona las partículas separadas, el movimiento infinito tiene que representar la omnipresencia, o dicho de otro modo, tiene que ser su reflexión o imagen en la materia. La esencia de la materia es la separatividad, así como la del espíritu es la unidad, y cuando ambos surgen del Uno, como la nata de la leche, la reflexión de la omnipresencia de ese Uno en la multiplicidad de la materia, es movimiento incesante e infinito, pues movimiento absoluto - la presencia de cada unidad en movimiento en todos los puntos del espacio en cada momento de tiempo- es idéntico al reposo, aunque reposo desde otro punto de vista, desde el de la materia, en lugar del punto de vista del Espíritu. Este movimiento regular da a movimientos correspondientes, a vibraciones en la materia que lo envuelve, pues cada Jivatman o unidad separada de conciencia, está aislado por un revestimiento de materia, de todos los demás Jivatmans. Este revestimiento de materia, al vibrar, comunica sus vibraciones a la materia que le rodea, la cual se convierte en el medio conductor de las vibraciones, y este medio comunica a su vez el impulso de la vibración a la materia que encierra otro Jivatman, haciendo vibrar esta unidad de conciencia del mismo modo que la primera. En esta serie de vibraciones - que principian en una conciencia, en el cuerpo que la encierra, que son comunicadas por este cuerpo al medio circundante, el cual las transmite a otro cuerpo y por éste segundo cuerpo a la conciencia que encierra - tenemos la cadena de vibraciones por cuyo medio el uno conoce al otro. El segundo conoce al primero porque reproduce al primero en si mismo y experimenta así lo que él experimenta. Pero, sin embargo, con una diferencia, pues nuestro segundo Jivatman estaba ya en vibración, y su estado de movimiento, después de recibir el impulso del primero, no es una simple repetición de aquel impulso, sino una combinación de su propio movimiento original con el que se le ha impuesto desde fuera, y por tanto no es una reproducción perfecta: obtiénense semejanzas más y más aproximadas, pero la identidad siempre se nos escapa. Esta secuencia de actos vibratorios se ve a menudo en la naturaleza. Una llama es un centro de actividad vibratorio en el éter, llamado por nosotros calor; estas vibraciones u ondas caloríferas conmueven al éter circundante en ondas similares, y sus partículas vibran bajo el impulso, y de este modo el hierro se calienta y se convierte a su vez en una fuente de calor. Así es como una serie de vibraciones pasa de uno a otro Jivatman y como todos los seres están relacionados por esta red de la conciencia. Del mismo modo, también, en la naturaleza física señalamos diferentes grados de vibración con nombres distintos, llamando a una serie luz, a otra calor, a otra electricidad, a otra sonido; y así sucesivamente; sin embargo, todas son de la misma naturaleza; todas son modos de movimiento en el éter, y sólo difieren en grados de velocidad correspondientes a diferencias de densidad en el éter. La Voluntad, el Sentimiento y el Pensamiento son de la misma naturaleza, y difieren en sus fenómenos sólo por la diferencia en su grado de velocidad respectiva y la sutileza relativa del medio. La diferencia especifica del Pensamiento es que sus ondas forman imágenes - como sucede con las ondas luminosas aquí abajo -, y no deja de tener significado que la misma palabra "reflexión" se emplea igualmente en los resultados del movimiento de ondas del pensamiento y del de la luz. Hay una serie de vibraciones en una clase especial de materia y dentro de cierto grado de velocidad, a lo que damos el nombre de vibraciones del pensamiento. Estos nombres son definidores de ciertos hechos de la naturaleza. Hay cierta clase de éter puesto en vibración y sus vibraciones afectan nuestros ojos, y a este movimiento lo llamamos luz. Hay otro éter mucho más sutil cuyas vibraciones son percibidas, esto es, son contestadas por la mente, y a este movimiento lo llamamos pensamiento. Estamos rodeados de materia de diferentes densidades, y a los movimientos que en ella se producen les damos el nombre según nos afectan, según son contestados por los diferentes órganos de nuestros cuerpos groseros o sutiles. Llamamos "luz" a ciertos movimientos que afectan los ojos; llamamos "pensamiento" ciertos movimientos que afectan otro órgano, la mente. El "ver" ocurre cuando la luz del éter ondula desde un objeto a nuestros ojos; el "pensar" ocurre cuando el éter del pensamiento se mueve en ondas desde un objeto a nuestra mente. El uno no es más ni menos misterioso que el otro. Al tratar de la mente veremos que las modificaciones en la disposición de sus componentes son causadas por el contacto de ondas de pensamiento, y que en el pensar concreto experimentamos nuevamente los choques originales de afuera. El conocedor tiene su actividad en estas vibraciones, y todo aquello que ellas pueden contestar o todo lo que ellas pueden reproducirse, es conocimiento. El pensamiento es una reproducción dentro de la mente del Conocedor, de aquello que no es el Conocedor, que no es el Yo; es una pintura causada por una combinación de movimientos de ondas, literalmente una imagen. Una parte del No-Yo vibra, y al vibrar en contestación al Conocedor, esta parte se convierte en lo cognoscible; la materia que vibra entre ellos hace posible el conocer poniéndolos en mutuo contacto. De este modo se establece y mantiene la cadena del conocedor, lo cognoscible y el conocer.

CAPÍTULO 3

EL CREADOR DE LA ILUSIÓN

Una vez que ha llegado a permanecer indiferente a los objetos de percepción, el discípulo debe buscar el Ra a de los Sentidos, el Productor del Pensamiento, aquel que la ilusión despierta. "La Mente es el gran destructor de lo Real". Así ha escrito en uno de los fragmentos traducidos por H. P. B., del Libro de los preceptos de Oro, ese exquisito poema en prosa que es una de sus más selectas dádivas al mundo. Y no hay titulo más significativo para la mente que éste el "Creador de la Ilusión". La mente no es el Conocedor, y debe siempre distinguirse cuidadosamente de éste. Muchas de las confusiones y dificultades que llenan de perplejidad al estudiante, se originan de que no recuerda la distinción entre el que conoce y la mente, la cual es un instrumento para obtener el conocimiento. Es como si el escultor estuviese perfectamente identificado con su cincel. La mente es fundamentalmente dual y material, estando constituida por el Cuerpo Causal y Manas, la Mente abstracta, y por el Cuerpo Mental y Manas, la mente concreta - Manas mismo siendo una reflexión en la materia atómica de aquel aspecto del Yo que es conocimiento. Esta mente limita el Jivatman, el cual, a medida que aumenta la propia conciencia, se encuentra impedido por ella por todos lados. Así como un hombre que para ejecutar determinada cosa se ponga unos guantes gruesos encuentra que sus manos han perdido mucha parte de su poder de sensación, su delicadeza de tacto, su habilidad para recoger objetos pequeños, siendo sólo capaces de agarrar objetos grandes y de sentir fuertes contactos, así sucede con el Conocedor cuando se reviste de la mente. La mano está allí lo mismo que el guante, pero sus facultades han menguado grandemente en el Conocedor, está allí lo mismo que la mente, pero sus poderes se hallan muy limitados en su expresión. Limitaremos el término de manas en los párrafos que siguen, a la mente concreta - el cuerpo mental y manas. La mente es el resultado del pensar pasado, y se modifica constantemente por el pensar presente; es una cosa precisa y definida, con ciertos poderes e incapacidades, fuerza y debilidad, que son las resultantes de actividades en vidas anteriores. Es tal como la hemos hecho; no podemos variarla sino lentamente; no podemos trascenderla por un esfuerzo de voluntad; no podemos echarla a un lado, ni quitarle instantáneamente sus imperfecciones. Tal como es, nos pertenece; es una parte del No-Yo apropiada y moldeada para nuestro propio uso, y sólo por medio de ella podemos conocer. Todos los resultados de nuestro pensar pasado están presentes en nosotros como mente, y cada mente tiene su grado propio de vibración, su esfera propia de vibración, y se halla en estado de perpetuo movimiento, ofreciendo series de pinturas siempre cambiantes. Todas las impresiones que nos vienen de fuera son hechas en esta esfera ya activa, y la masa de las vibraciones existentes modifica y es modificada por la nueva recepción. La resultante no es, por tanto, una reproducción exacta de la nueva vibración, como una combinación de ella con las vibraciones que ya están actuando. Formando otro ejemplo de la luz, diremos que si ponemos un trozo de cristal ante nuestros ojos y miramos objetos verdes, éstos nos aparecerán como negros. Las vibraciones que nos dan la sensación de lo encarnado son cortadas por las que nos dan la sensación de lo verde, y el ojo se engaña viendo un objeto como negro. Lo mismo sucede si miramos un objeto azul por un cristal amarillo: lo vemos como negro; en cada caso un medio de color causará una impresión del color diferente de la del objeto mirado con los ojos al desnudo. Aun mirando las cosas con el ojo desnudo, se ven algún tanto distintas, pues el ojo mismo modifica las vibraciones que recibe más de lo que la gente se imagina. La influencia de la mente, como medio por cuyo conducto el Conocedor mira al mundo externo, es muy semejante a la del cristal de color con relación a los colores de los objetos que se ven a través de él. El Conocedor se halla tan inconsciente de esta influencia de la mente, como un hombre que jamás hubiese visto sino por medio de cristales encarnados o amarillos, lo estaría de los cambios que tales cristales verificarían en los colores de un paisaje. En este sentido, tan claro como superficial, es como se llama a la mente el "Creador de la Ilusión". Nos presenta sólo imágenes desnaturalizadas, una combinación de sí misma con los objetos externos. En este sentido mucho más profundo es, verdaderamente, el "Creador de la Ilusión", por cuanto hasta estas imágenes desnaturalizadas no son sino imágenes de apariencias, no de realidades; sombras de sombras es todo lo que nos presenta. Pero a nuestro objeto presente nos basta considerar las ilusiones causadas por su propia naturaleza. Muy diferentes serian nuestras ideas del mundo si pudiéramos conocerlo tal como es, aun en su aspecto fenomenal, en lugar de por medio de las vibraciones modificadas por la mente. Y esto no es en modo alguno imposible, aunque sólo puede hacerse por aquellos que han hecho grandes progresos en el dominio de la mente. Las vibraciones de la mente pueden paralizarse retirando la conciencia de ella; un choque de afuera formará entonces una. imagen que corresponderá exactamente a ella misma, porque las vibraciones serán idénticas en cualidad y cantidad, sin mezcla con las vibraciones pertenecientes al observador. O bien la Conciencia puede exteriorizarse y animar como alma el objeto observado y experimentar así directamente sus vibraciones. En ambos casos se tiene un verdadero conocimiento de la forma. También puede conocerse la idea, en el mundo de los noumenos, de la cual la forma expresa el aspecto fenomenal; pero esto sólo puede hacerse por la conciencia funcionando en el cuerpo Causal, el Karana Shaira, sin los impedimentos de la mente concreta de los vehículos inferiores. La verdad de que sólo conocemos nuestras impresiones de las cosas y no las cosas mismas, excepto como se ha explicado antes, es de vital interés cuando se aplica en la vida práctica. Enseña la humildad y la precaución, así como el deseo de prestar atención a las ideas nuevas. Perdemos nuestra certeza instintiva, de que tenemos razón en nuestras observaciones, y aprendemos a analizarnos antes de decidirnos a condenar a otros. Un ejemplo puede servir para hacer esto más claro: Encuentro una persona cuya actividad vibratorio se expresa de un modo complementario al mío. Cuando nos encontramos nos extinguimos mutuamente; de aquí que no nos agrademos el uno al otro, no vemos nada el uno en el otro y cada uno se sorprende de que fulano crea al otro tan inteligente cuando mutuamente nos encontramos tan estúpidos. Ahora bien: si yo he adquirido algún conocimiento de mi mismo, esta sorpresa ya no tendrá lugar en lo que a mi concierne. En lugar de creer que el otro es estúpido, me preguntaré: ¿Qué es lo que falta en mi que no puedo responder a sus vibraciones? Ambos vibramos, y si yo no puedo comprender su vida y pensamiento, es porque no puedo reproducir sus vibraciones. ¿Por qué habría yo de juzgarle desde el momento en que ni siquiera puedo conocerle hasta que me modifique lo bastante para poder recibirle? Nosotros no podemos modificar mucho a los demás, pero podemos modificarnos mucho a nosotros mismos: y deberíamos estar constantemente tratando de llegar a ser como la luz blanca, en la que todos los colores están presentes, que no desnaturaliza ninguno porque no rechaza ninguno, y tiene en si misma el poder de responder a todos. Podemos medir nuestra proximidad a la blancura por nuestro poder de responder a los caracteres más diversos.

EL CUERPO MENTAL Y EL MANAS

Podemos ocuparnos ahora de la composición de la mente, como órgano de la Conciencia en su aspecto de Conocedor, y ver cómo es esta composición, cómo hemos formado la mente en el pasado y cómo la podemos modificar en el presente. La mente, por el lado de la vida, es manas, y manas es la reflexión en la materia atómica del tercer plano -o plano mental- del aspecto cognoscitivo del Yo - del Yo como Conocedor. Por el lado de la forma, presenta dos aspectos que condicionan separadamente la actividad de manas: la conciencia que funciona en el plano mental. Estos aspectos son debidos a las agregaciones de la materia del plano atraída alrededor del centro atómico vibratorio. A esta materia, por su naturaleza y uso, le damos el nombre de substancia mental o substancia de pensamiento. Constituye una gran región del universo, que compenetra la materia astral y la física y existe en siete subdivisiones, como sucede con los estados de materia en el plano físico; sólo responde a aquellas vibraciones que vienen del aspecto del Yo, que es el Conocimiento, y este peculiar aspecto le impone su carácter especifico. El primer -y más elevado- aspecto de la mente del lado de la forma, es el que se llama el cuerpo Causal o Karana Shaira. Se compone de materia de la quinta y sexta subdivisión del plano mental, correspondientes a los éteres más sutiles del plano físico. Este cuerpo Causal está muy poco desarrollado en la mayor parte de la humanidad en el estado presente de la evolución, por no ser afectado por las actividades mentales dirigidas casi sólo a los objetos externos, por tanto, podemos dejarlo a un lado, a lo menos por ahora. Es, en una palabra, el órgano para el pensamiento abstracto. El segundo aspecto es llamado el cuerpo mental, y se compone de materia de pensamiento perteneciente a las cuatro subdivisiones inferiores del plano mental, correspondientes a los éteres inferiores y a los estados gaseosos, líquido y sólido de la materia en el plano físico. Verdaderamente pudiera llamársele el cuerpo mental denso. Los cuerpos mentales muestran siete grandes tipos fundamentales, cada uno de los cuales incluye las formas en todos sus grados de desarrollo, y todos evolucionan y se desenvuelven bajo las mismas leyes. El comprender y aplicar estas leyes es cambiar la evolución lenta de la naturaleza en el rápido crecimiento efectuado por la inteligencia que se determina. De aquí la gran importancia de su estudio.

LA CONSTRUCCION Y EVOLUCION DEL CUERPO MENTAL

El método por el cual la conciencia construye su vehículo, es el de aquellos que deben comprenderse con toda claridad, porque cada día y hora de nuestra vida nos presenta oportunidades para aplicarlo a fines elevados. Despiertos y durmiendo estamos edificando nuestros cuerpos mentales; pues cuando la conciencia vibra, afecta la substancia mental que la rodea, y cada vibración de la conciencia, aunque sólo sea debida a un pensamiento fugaz, atrae al cuerpo mental algunas partículas de materia mental, al paso que expele otras. La materia circundante también ondula, sirviendo así de medio para afectar otras conciencias. Ahora bien, lo delicado o lo grosero de la materia que de este modo es apropiada depende de la calidad de las vibraciones que la conciencia pone en acción. Pensamientos puros y elevados están compuestos de vibraciones rápidas, y sólo pueden afectar los grados sutiles de la materia mental. Los grados groseros permanecen insensibles porque no pueden vibrar con la rapidez necesaria. Cuando un pensamiento así hace vibrar al cuerpo mental, expélense de éste partículas de la materia más groseras, las cuales son reemplazadas por las partículas de grados más sutiles; y de este modo se forman mejores materiales en el cuerpo mental. De igual manera, los pensamientos bajos y malos atraen dentro del cuerpo mental los materiales más groseros, propios para su expresión, y estos materiales repelen y echan fuera las clases más finas. De esta manera las vibraciones de la conciencia están expeliendo una clase de materia y atrayendo otra. Y de esto se sigue, como consecuencia necesaria que con arreglo a la clase de materia que hayamos construido en nuestros cuerpos mentales en el pasado, así será nuestra facultad para responder a los pensamientos que ahora nos llegan de afuera. Si nuestros cuerpos mentales están compuestos de materia sutil, los pensamientos groseros y malos no tendrán respuesta, y por lo tanto, no pueden causarnos daño alguno; al paso que si están formados de materiales groseros serán afectados por cada pasajero pensamiento malo, permaneciendo insensibles a los buenos de los que no recibe beneficio alguno. Cuando nos ponemos en contacto con alguien cuyos pensamientos son elevados, sus vibraciones mentales, actuando en nosotros, despiertan vibraciones en aquella materia de nuestros cuerpos mentales que sea capaz de responder y estas vibraciones perturban y hasta expelen alguna de aquellas materias demasiado groseras para vibrar a ese alto grado de actividad. El beneficio, pues, que de él recibimos, depende en gran modo de nuestro propio pensar anterior, y nuestra "comprensión" de él, nuestra facultad de responder, está condicionada por nuestros cuerpos mentales. No podemos pensar el uno por el otro; él no puede pensar sino por sus propios pensamientos, causando así las vibraciones correspondientes en la materia mental circundante, la cual actúa en nosotros, despertando en nuestros cuerpos mentales vibraciones simpáticas. Estas afectan la conciencia. El pensador externo sólo puede afectar nuestra conciencia despertando estas vibraciones en el cuerpo mental. Pero no siempre sigue una comprensión inmediata a la producción de tales vibraciones causadas desde afuera. Algunas veces el efecto se asemeja al del sol, la lluvia y la tierra sobre la semilla enterrada en el suelo. En un principio no hay contestación visible a las vibraciones que actúan sobre las semillas; pero allí dentro hay un pequeñísimo estremecimiento de la vida que la anima, y este estremecimiento se hará más fuerte cada día, hasta que la vida en evolución rompe la corteza de la semilla y echa pequeñas raíces y brotes luego que se desarrolla. Así sucede con la mente. La conciencia vibra débilmente dentro de sí misma antes de poder dar una contestación externa a los choques que recibe, y cuando no somos aún capaces de comprender a un noble pensador, hay sin embargo, dentro de nosotros una vibración inconsciente que es el predecesor de la respuesta consciente. Cuando nos alejamos de una gran presencia, nos encontramos un poco más próximos a la elevada vida pensante que de él fluye, que lo que lo estábamos anteriormente, y en nosotros se habrá apresurado el desarrollo de gérmenes de pensamiento, al paso que nuestras mentes habrán sido auxiliadas en su evolución. Así, pues, algo puede hacerse desde afuera que contribuya a la formación y evolución de nuestras mentes; pero la mayor parte tiene que provenir de las actividades de nuestra propia conciencia; y si queremos tener cuerpos mentales fuertes, bien vitalizados, activos, que puedan comprender los pensamientos más elevados que se nos presenten, debemos entonces trabajar con firmeza en pensar bien, pues somos nuestros propios constructores y moldeamos nuestras propias mentes. Muchas personas son grandes lectores. Ahora bien; la lectura no forma la mente; sólo la construye el pensamiento. La lectura sólo es valiosa en el sentido de que proporciona material para pensar. Un hombre puede leer mucho, pero su desarrollo mental estará en proporción de la cantidad de pensamiento que emplea en la lectura. El valor para él del pensamiento que lee depende del uso que hace de él. A menos que no coja el pensamiento y trabaje en él, su valor será para él insignificante y pasajero. "La lectura completa al hombre", dijo Lord Bacon, y con la mente sucede lo que con el cuerpo. El comer llena el estómago; pero así como el alimento es inútil para el cuerpo si no se digiere y asimila, del mismo modo la mente puede llenarse con la lectura; pero a menos de que haya pensamiento no hay asimilación de lo que se lee, y la mente no se desarrolla con ello; pero aún, es posible que sufra por estar sobrecargada, y que más bien se debilite que fortalezca bajo el peso de ideas no asimiladas. Debemos leer menos y pensar más si queremos que nuestras mentes crezcan y que nuestra inteligencia se desarrolle. Si tenemos verdadero interés en cultivar nuestras mentes deberemos emplear a diario una hora en el estudio de un libro serio y trascendental, y por cada cinco minutos de lectura pensar diez, y así durante toda la hora. El modo usual es leer rápidamente durante todo el tiempo, y luego poner el libro a un lado hasta que llega otra vez la hora de lectura. De aquí que la gente desarrolle poco el poder del pensamiento. Una de las cosas más marcadas en el movimiento teosófico es el desarrollo mental que se observa año tras año en sus individuos. Esto se debe en gran parte al hecho de que se les enseña la naturaleza del pensamiento, principian a comprender un poco sus funciones, y se dedican a construir sus cuerpos mentales en lugar de dejarlos que se desarrollen por el proceso natural no ayudado. El estudiante ansioso de crecimiento debe determinarse a no dejar pasar un solo día en el cual no lea por lo menos cinco minutos y dedique diez a pensar con todo interés en lo que ha leído. Al principio encontrará esfuerzo pesado y trabajoso, y descubrirá la debilidad de su poder pensante. Este descubrimiento señala su primer paso, pues es mucho descubrir la propia impotencia para pensar consecutivamente y con ahínco. Las personas que no pueden pensar, pero que se imaginan que pueden, no hacen grandes progresos. Es mejor conocer la propia debilidad que imaginarse ser fuerte cuando se es débil. Gradualmente el poder del pensamiento crece, se llega a dominar y a poderlo dirigir a fines definidos. Sin este pensar, el cuerpo mental seguirá formado con flojedad y sin organizar; y mientras no se adquiera concentración -la facultad de fijar el pensamiento en un punto definido- el poder del pensamiento no se ejercitará nada.

CAPÍTULO 4

TRANSMISIÓN DEL PENSAMIENTO

Todo el mundo, hoy en día, quisiera practicar la transmisión del pensamiento, y sueña con el placer de comunicarse con algún amigo ausente, sin ayuda del telégrafo o del correo. Muchos creen que pueden verificarlo con poco esfuerzo, y se sorprenden extraordinariamente cuando fracasan en absoluto en sus intentos. Sin embargo, es cosa clara que es necesario poder pensar antes de poder transferir el pensamiento, y que hay que poseer algún poder de pensar con fijeza a fin de enviar una corriente de pensamiento a través del espacio. Los pensamientos débiles y vacilantes de la mayor parte de la gente sólo causan trémulas vibraciones en la atmósfera del pensamiento, por estar dotadas de la más intima vitalidad, y aparecen y desaparecen a cada minuto sin construir formas definidas. Una forma de pensamiento tiene que ser claramente modelada y bien vitalizada para poderse enviar en cualquier dirección, y lo bastante fuerte para producir, al llegar a su destino, un duplicado de si misma. Hay dos métodos de transmisión de pensamiento: uno que pudiera distinguirse como físico y el otro psíquico; uno perteneciente al cerebro lo mismo que a la mente, y el otro sólo a esta última. Un pensamiento puede ser generador por la conciencia, causar vibraciones en el cuerpo mental, luego en el astral, hacer surgir ondas en el etéreo y luego en las moléculas densas del cuerpo físico; estas vibraciones cerebrales afectan al éter físico cuyas vidas marchan hasta llegar a otro cerebro, en cuyas partes, densa y etérea, despiertan vibraciones. Este cerebro receptor causa vibraciones en el cuerpo astral, y luego en el mental con él ligados, y las vibraciones en el cuerpo mental despiertan el estremecimiento respondiendo en la conciencia. Tales son las muchas estaciones del arco que recorre un pensamiento, pero este recorrido del arco no es necesario. La conciencia puede, al causar vibraciones directamente al cuerpo mental, lanzar estas vibraciones directamente al cuerpo mental de la conciencia receptora, evitando así la vuelta que se ha descrito. Veamos lo que sucede en el primer caso. Hay en el cerebro un pequeño órgano, la glándula pineal, cuyas funciones son desconocidas de los psicólogos occidentales y del cual éstos no se ocupan. Es un órgano rudimentario en la mayor parte de la gente, pero que está evolucionando, no retrogradando, siendo posible apresurar su evolución hasta que llegue al estado en que pueda ejercer la función que le es propia, y la cual ejecutará en todos en el porvenir. Es el órgano para la transmisión del pensamiento tanto como los ojos lo son de la visión y el oído de oír. Si alguien piensa intensamente en una sola idea, con concentración y atención sostenida, llegará a sentir un ligero estremecimiento o sensación de hormigueo en la glándula pineal. El estremecimiento tiene lugar en el éter que compenetra la glándula, y causa una ligera corriente magnética que origina la sensación de hormigueo en las moléculas densas de la glándula. Si el pensamiento es bastante fuerte para causar la corriente, entonces el pensador sabe que ha conseguido que su pensamiento llegue a un punto de penetración y fuerza que lo hace capaz de ser transmitido. La vibración del éter en la glándula pineal ocasiona ondas en el éter circundante semejantes a ondas de luz, sólo que mucho más pequeñas y más rápidas. Estas ondas se transmiten en todas direcciones poniendo el éter en movimiento y estas ondas etéricas, a su vez, producen ondulaciones en el éter de la glándula pineal de otro cerebro, y de éste son transmitidas al cuerpo astral y al mental en sucesión regular, llegando de este modo a la conciencia. Si esta segunda glándula pineal no puede reproducir estas ondulaciones, entonces el pensamiento pasará desapercibido, sin hacer impresión, lo mismo que las ondas de la luz no impresionan el ojo de una persona ciega. En el segundo método de transmisión del pensamiento, el pensador después de crear una forma de pensamiento en su propio plano, no lo hace descender al cerebro, sino que lo dirige inmediatamente a otro pensador en el plano mental. La facultad de hacer esto de un modo deliberado, implica una evolución mental mucho más elevada que el método físico de transmisión; pues el emisor necesita tener conciencia propia en el plano mental, a fin de poder practicar a sabiendas este poder. Pero tal poder se ejercita constantemente por todos nosotros de un modo indirecto e inconsciente, puesto que todos nuestros pensamientos causan vibraciones en el cuerpo mental, las cuales, dada la naturaleza de las cosas, tienen que propagarse al través de la substancia mental circundante. Y no hay razón para limitar el término transmisión del pensamiento a la transmisión consciente y deliberada de un pensamiento particular de una persona a otra. Todos nos estamos afectando continuamente unos a otros por estas ondas del pensamiento, puestas en acción sin intención definida, y lo que se llama opinión pública es en gran modo creada de esta manera. La mayor parte de la gente piensa en determinado sentido, no porque hayan pensado cuidadosamente un asunto y llegado a una conclusión, sino porque un gran número de personas piensan así y arrastran a las demás. El pensamiento potente de un gran pensador pasa al mundo del pensamiento y es recogido por mentes receptivas y respondientes. Estas reproducen sus vibraciones, y de este modo fortalecen la oleada de pensamientos, afectando a otros que habían permanecido sin responder a las ondulaciones originales. Estas, contestando a su vez, aumentan aún más la fuerza de las ondas; las cuales con esta mayor potencia afectan grandes masas de gente. La opinión pública, una vez formada, ejerce gran dominio sobre las mentes de la gran mayoría, chocando incesantemente en todos los cerebros y despertando en ellos ondulaciones respondientes. Hay también ciertos modos nacionales de pensar, canales indefinidos y profundos que resultan de la continua reproducción durante siglos de pensamientos semejantes, que provienen de la historia, de las luchas y de las costumbres de una nación. Estos canales modifican y dan colorido especial a todas las mentes nacidas en la nación, y todo lo que viene de afuera de la misma es cambiado por aquel grado de vibración nacional. Todos los pensamientos que nos llegan del mundo externo, son modificados por nuestros cuerpos mentales, y cuando los recibimos percibimos sus vibraciones, con mas nuestras propias vibraciones normales -una resultante-, y lo mismo sucede con las naciones, al recibir impresiones de otros países, las reciben igualmente modificadas por su propio grado de vibración nacional. De aquí que los ingleses y franceses y los boers ven los mismos hechos, pero añaden a ellos sus propias preocupaciones, y con toda buena fe se acusan mutuamente de falsificar los hechos y de practicar una conducta impropia. Si esta verdad y su existencia inevitable fuesen reconocidas, muchas reyertas internacionales se suavizarían más fácilmente que lo que ahora sucede, muchas guerras se evitarían, y las que se entablan terminarían con más facilidad. Entonces cada nación reconocería lo que se llama a veces "la ecuación personal", y en lugar de censurar a la otra su diferencia de opinión, cada una buscaría el término medio de la contraria, sin insistir por completo en la suya propia. La cuestión perfectamente práctica para el individuo que plantea este conocimiento de tal continua y general transmisión del pensamiento es: ¿Cuánto bueno puedo ganar y evitar de malo, viendo que tengo que vivir en una atmósfera mezclada, donde oleadas de pensamientos buenos y malos están en actividad y chocando contra mi cerebro? ¿Cómo preservarme contra las transmisiones de pensamientos dañosos, y cómo aprovecharme de los benéficos? El conocimiento del modo cómo obra el poder de selección, es de vital importancia. Cada hombre es la persona que más constantemente afecta su propio cuerpo mental. Otros lo afectan ocasionalmente; pero él lo hace siempre. El orador a quien oye, el autor cuya obra lee, afectan su cuerpo mental. Pero ellos son incidentes en su vida, al paso que él es factor principal. Su propia influencia en la composición del cuerpo mental, es mucho más potente que la de cualquier otro, y él mismo fija el grado de vibración normal de su mente. Los pensamientos que armonizan con ese grado son rechazados cuando tocan la mente. Si un hombre piensa verdad, una mentira no se hace sitio en su mente; si piensa amor, el odio no puede turbarle; si piensa sabiduría, la ignorancia no puede paralizarle. Sólo en esto está la salvación, el poder verdadero. No debe permitirse que la mente permanezca como terreno labrado vacío, porque entonces cualquier semilla de pensamiento puede arraigar en él y desarrollarse; no debe permitirse que vibre como quiera, porque esto significa que responderá a cualquier vibración que pase. En esto consiste la lección práctica. El hombre que la lleve a cabo encontrará pronto su valor, y descubrirá que por el pensar, la vida puede hacerse más noble y dichosa, y que es una verdad que por la sabiduría pondremos fin al dolor.

LOS PRINCIPIOS DEL PENSAMIENTO

Pocos, fuera del círculo de los estudiantes de sicología, se han preocupado gran cosa respecto de la cuestión de "como se origina el pensamiento". Cuando venimos al mundo nos encontramos en posesión de una gran masa de pensamiento ya formada, un gran acopio de lo que se llama "ideas innatas", Estos son conceptos que traemos con nosotros al mundo, son los resultados condensados o resumidos de nuestras experiencias en vidas anteriores a la presente. Con este acopio mental de que disponemos principiamos nuestras transacciones en esta vida, y el psicólogo nunca puede estudiar por la observación directa los principios del pensamiento. Puede, sin embargo, aprender algo observando al niño; pues asimismo como el nuevo cuerpo físico recorre en la vida prenatal la larga evolución física del pasado, así el nuevo cuerpo mental atraviesa rápidamente los grados de su largo desarrollo. Si se observa atentamente a un niño, se verá que las sensaciones - respuesta a los estímulos por sentimientos de placer o de dolor, y primitivamente por los últimos - preceden a toda señal de inteligencia. Antes del nacimiento, el niño fue sostenido por las fuerzas de vida que fluían a través del cuerpo de la madre. Al entrar en una existencia independiente, éstas son excluidas. La vida exhala del cuerpo y ya no se renueva; a medida que disminuyen las fuerzas vitales, siéntese la necesidad, y esta necesidad es dolor. La situación de tal necesidad procura quietud y placer, y el niño vuelve a caer en la inconsciencia. Al poco tiempo la vista y el sonido despiertan sensaciones, pero todavía no se presenta ninguna señal de inteligencia. La primera que aparece es cuando la presencia o la voz de la madre o de la nodriza se relaciona con la satisfacción de la siempre recurrente necesidad, con el placer que proporciona el alimento; el enlace de un objeto externo con la sensación causada por el mismo, es la primera impresión de la inteligencia, el primer pensamiento, técnicamente una percepción. La esencia de esto es el establecimiento de una relación entre una conciencia, un Jivatma, y un objeto, y dondequiera que se establece esa relación, el pensamiento existe. Este hecho sencillo y siempre comprobable, puede servir como un ejemplo general del principio del pensamiento en un Yo separado; en tal Yo separado, las sensaciones preceden a los pensamientos; la atención del Yo se despierta por la impresión que se hace en él y al que responde con un sentimiento. El sentimiento macizo de la necesidad, debido a la disminución de la energía vital, no despierta por si mismo el pensamiento; pero esta necesidad es satisfecha por el contacto de la leche que causa una impresión local definida, impresión seguida por un sentimiento de placer. Después que esto se ha repetido muchas veces, el Yo se asoma al exterior, vagamente, a tientas; al exterior a causa de la dirección de la impresión que ha venido de afuera. La energía de la vida fluye de este modo al cuerpo mental y lo vivifica, de suerte que refleja - en un principio débilmente - el objeto que, al ponerse en contacto con el cuerpo, ha causado la sensación. Esta modificación en el cuerpo mental, repetida una y otra vez, estimula al Yo en su aspecto de conocer y vibra en correspondencia. El ha sentido necesidad, contacto, placer, y con el contacto una imagen se presenta, siendo afectada la vista lo mismo que los labios, dos impresiones de los sentidos que se mezclan. Su naturaleza propia inherente enlaza juntos los tres, la necesidad, la imagen contacto y el placer, y este enlace es pensamiento. Mientras que así no responda, no existe allí pensamiento alguno; el Yo es el que percibe, no ningún otro inferior. Esta percepción particulariza el deseo, que cesa de ser un vago anhelo por algo, y se convierte en un deseo definido por una cosa especial: la leche. Para la percepción necesita revisión, pues el Conocedor ha asociado tres cosas, una de ellas tiene que ser separada: la necesidad. Es insignificativo que en una etapa primitiva la vista de la nodriza despierte la necesidad; es el conocedor despertando la necesidad cuando aparece la imagen con aquella asociada; el niño, que no tiene hambre, llorará por el pecho al ver a la madre, más tarde esta errónea relación se rompe, y la nodriza es asociada con el placer como causa, y vista como el objeto del placer. El deseo hacia la madre se establece de este modo, y luego se convierte en otro estimulo del pensamiento.

RELACION ENTRE SENSACIÓN Y EL PENSAMIENTO

En muchos libros de sicología, tanto orientales como occidentales, se especifica claramente que todo pensamiento tiene su raíz en la sensación, que hasta que se hayan acumulado un gran número de sensaciones, el pensar no puede existir. "La mente, tal cual la conocemos - dice H. P. Blavatsky -, puede resolverse en estados de conciencia de variable duración, intensidad, complejidad, etc., fundándose todo, en último término, en la sensación". Algunos escritores han ido aún más lejos, declarando que no sólo son las sensaciones el material con que se construyen los pensamientos, sino que los pensamientos son producidos por las sensaciones, negando de este modo al Pensador y al Conocedor. Otros, en el extremo opuesto, consideran al pensamiento como resultado de la actividad del pensador, iniciando desde el interior en lugar de recibir su primer impulso desde fuera, siendo las sensaciones los materiales sobre los cuales emplea su capacidad inherente específica propia, pero no una condición necesaria de su actividad. Cada una de estas dos opiniones - que el pensamiento es puramente producido de las sensaciones, y que el pensamiento es tan sólo producto del conocedor- son en parte verdad; pero la verdad entera se encuentra entre los dos. Al paso que es necesario, para el despertamiento del conocedor, que las sensaciones obren sobre él desde fuera, y bien que el primer pensamiento se produce a consecuencia de impulsos del sentimiento sirviendo las sensaciones como su antecedente natural; sin embargo, si no hubiese una capacidad inherente para enlazar las cosas, si el Yo no fuese conocimiento en su propia naturaleza, las sensaciones podrían presentársele constantemente sin que se produjese nunca un solo pensamiento. Sólo es la mitad de la verdad que los pensamientos tengan sus principios en las sensaciones; tiene que existir el poder de organizarlas y de establecer entre unas y otras lazos de unión, relaciones, así como también entre ellas y el mundo externo. El Pensador es el padre, el Sentimiento la madre, el Pensamiento el hijo. Si los pensamientos tienen su principio en las sensaciones y éstas son causadas por choques externos, entonces es de la mayor importancia que cuando las sensaciones surjan del Yo como consciente, la naturaleza y extensión de estas sensaciones sean exactamente observadas por el Yo como conocedor. La primera función del conocedor es observar; si no hubiese nada que observar, permanecería siempre dormido; pero cuando se le presenta un objeto, cuando como perceptor tiene conciencia de un choque, entonces como observador observa. De la exactitud de su poder de observar depende el pensamiento que tiene que formar de todas esas observaciones unidas. Si observa erróneamente, si entabla una relación equivocada entre el objeto que ocasionó el choque y él mismo, como observador del Choque, entonces a consecuencia de este error, sobrevendrán en su propia obra un número de errores subsiguientes que nada podrá enmendar sino retrocediendo al principio mismo. Veamos ahora cómo funciona la sensación y la percepción en un caso especial. Supongamos que siento un choque en la mano: el contacto causa una sensación; el reconocimiento de lo que causó la sensación es un pensamiento. Cuando siento un contacto, percibo una sensación, y no hay necesidad de añadir nada en la que se refiere puramente a esta sensación; pero cuando el sentimiento pasó al objeto que lo causó, percibo el objeto y tal percepción es un pensamiento. Esta percepción significa que como conocedor reconozco una relación entre yo mismo y ese objeto, por cuanto ocasionó cierta sensación en mi Yo. Esto, sin embargo, no es todo lo que sucede; pues también experimento otras sensaciones de color, de suavidad, de calor, de contextura, etc.; éstos me son también transmitidos como conocedor, y ayudado por la memoria de impresiones semejantes recibidas otras veces - o sea comparando imágenes pasadas con la imagen del objeto que toca a mi mano -, decido respecto de la clase de objeto que la ha tocado. En la percepción de las cosas que nos hacen sentir, está el principio del pensamiento; poniendo esto en los términos metafísicos ordinarios, diremos: la percepción del No-Yo es el principio de la cognición. El sentimiento por sí solo no podría dar la conciencia del No-Yo; sólo habría en el Yo el sentimiento del placer o del dolor, una conciencia interna de expansión y contracción. No seria posible una evolución superior si el hombre no pudiese hacer más que sentir; pues sólo cuando reconoce los objetos como causas, es cuando principia su educación humana. Del establecimiento de una relación consciente entre el Yo y el No-Yo depende toda la evolución futura, y esta evolución consistirá en gran parte en que estas relaciones sean más y más numerosas; más y más complicadas y más y más exactas de parte del conocedor. El conocedor principia su desenvolvimiento externo cuando la despertada conciencia, sintiendo placer o dolor, vuelve su mirada al mundo externo y dice: "Este objeto me causa placer; aquel otro me causa dolor". Hay que experimentar un gran número de sensaciones antes de que el Yo conteste externamente a todo. Luego viene un tanteo torpe y confuso por el placer, debido a un deseo en el Yo senciente de experimentar una repetición de aquél. Y éste es un buen ejemplo del hecho mencionado antes, de que no existe solamente el sentimiento ni puramente el pensamiento; pues el deseo por la repetición de un placer "implica que la imagen del placer permanece, por más débilmente que sea, en la conciencia y esto es memoria y pertenece al pensamiento. Durante largo tiempo, el Yo medio vaga de una cosa a otra, chocando contra el No-Yo de un modo accidental, sino que la conciencia imprima una dirección determinada a estos movimientos, experimentado ya el placer, ya el dolor, sin percibir su causa. Sólo cuando esto se ha experimentado durante largo tiempo, es cuando es posible la percepción antes mencionada y el principio de la relación entre el conocedor y lo cognoscible.

NATURALEZA DE LA MEMORIA

Cuando se establece una relación entre el placer y un objeto determinado, surge el deseo definido de obtener de nuevo ese objeto y repetir el placer. El cuerpo mental, estimulado repite prontamente la imagen del objeto; pues debido a la ley general de que la energía fluye de la dirección de la resistencia menor, la materia del cuerpo mental se moldea muy fácilmente a la forma que con frecuencia se ha tomado ya; esta tendencia a repetir las vibraciones principales, cuando actúa en ellas la energía, es debida a Tamas, a la inercia de la materia, y es el germen de la Memoria. Las moléculas de la materia que se han agrupado, se separan lentamente al actuar en ellas otras energías, pero retienen durante un tiempo considerable la tendencia a asumir de nuevo su mutua relación; si reciben un impulso propio para agruparlos, inmediatamente vuelven a asumir su anterior posesión. Además cuando el conocedor ha vibrado de un modo particular, ese poder de vibración permanece en él, y en el caso del objeto que ocasiona el placer, el deseo por el objeto pone en libertad ese poder, lo impulsa fuera, por decirlo así, proporcionando de este modo el estimulo necesario al cuerpo mental. La imagen que así se produce es reconocida por el conocedor, y la atracción del placer le hace reproducir también la imagen del mismo. El objeto y el placer son relacionados por la experiencia, y cuando se forma la serie de vibraciones que componen la imagen, surge también la serie de vibraciones que constituye el placer, y éste vuelve a gustarse en ausencia del objeto. Esto es la memoria en su forma más sencilla: una vibración, por sí misma iniciada, de igual naturaleza que la que causó el placer, y que reproduce a éste. Estas imágenes son menos pasivas, y por tanto menos vividas para el conocedor parcialmente desarrollado, que las causas por el contacto con un objeto externo, porque las pesadas vibraciones físicas prestan mucha energía a las imágenes mentales y de deseos, pero fundamentalmente las vibraciones son materia mental, por el conocedor, de objetos que anteriormente han sido experimentados. Esta reflexión puede repetirse - y se repite - una y otra vez en materia cada vez más sutil, sin relación con ningún conocedor separado, y en su totalidad son el contenido parcial de la memoria de Ishvara. Estas imágenes de imágenes pueden ser alcanzadas por cualquier conocedor separado en proporción a lo que haya desarrollado en si mismo el "poder de vibración" antes mencionado; lo mismo que en la telegrafía sin hilos, una serie de vibraciones que constituye un mensaje puede ser recogida por un receptor apropiado, esto es, por un receptor capaz de reproducirlas, así también una potencia vibratoria latente en un conocedor, puede hacerse activa por una vibración que le sea semejante, de entre aquellas imágenes cósmicas. Estas, en el plano akashico, forman los "anales akashicos" de que se habla a menudo en la literatura teosófica, y perduran lo que la vida del sistema.

MEMORIA Y ANTICIPACIÓN

Volvamos a nuestro conocedor no desarrollado. Cuando la memoria principia a funcionar, la anticipación le sigue pronto, pues la anticipación no es más que la memoria lanzada hacia adelante. Cuando la memoria hace volver a gustar un placer experimentado anteriormente, el deseo busca volver a asir el objeto que causó el placer, y cuando se piensa en este goce como el resultado de encontrar ese objeto en el mundo externo y gozar de él, tenemos la anticipación. El conocedor detiene su pensamiento en la imagen del objeto y en la imagen del placer, relacionándolos entre si; si a esta contemplación añade el elemento del tiempo, del pasado y del futuro, se le da entonces dos nombres: la contemplación más la idea del pasado es memoria; la contemplación más la idea del futuro es anticipación. A medida que estudiamos estas imágenes, principiamos a comprender toda la fuerza del aforismo de Patanjali que para la práctica del Yoga el hombre debe suspender las "modificaciones del principio pensante". Considerado desde el punto de vista de la ciencia oculta, cada contacto con elNo-Yo modifica el cuerpo mental. Parte de la materia de que este cuerpo está compuesto se combina como un cuadro o imagen del objeto externo. Cuando se establecen relaciones entre estas imágenes, es pensamiento considerado desde el lado de la forma. Correspondiendo con éste existen vibraciones en el conocedor mismo; y estas modificaciones dentro de él son pensamiento considerado desde el lado de la vida. No hay que olvidar que el establecer estas relaciones es la función especial del conocedor, lo que él añade a las imágenes, y que este aditamento cambia las imágenes en pensamientos. Las imágenes en el cuerpo mental se parecen mucho en su carácter a las impresiones que en una placa sensitiva hacen las hondas etéreas que se hallan fuera de la luz del espectro y que actúan químicamente en las sales de plata, volviendo a combinar la materia sobre la placa sensible, de suerte que se forman en ella imágenes de los objetos a que ha sido expuesta. Asimismo sucede en la placa sensible que llamamos cuerpo mental: los materiales se vuelven a combinar como una imagen de los objetos con que se ha puesto en contacto. El conocedor percibe estas imágenes por medio de sus propias vibraciones respondientes, las estudia y después de cierto tiempo principia a arreglarlas y modificarlas por las vibraciones que desde si mismo lanza sobre ellas. Con arreglo a la ley de que hemos hablado, de que la energía sigue la línea de menor resistencia, reforma una y otra vez las mismas imágenes; y mientras se concreta a esta simple reproducción, con la sola adición del elemento del tiempo, tendremos, como ya se ha dicho, la memoria y la anticipación. El pensar concreto es, después de todo, sólo una repetición, en materia más sutil, de las experiencias diarias, con la diferencia de que el conocedor puede detener y cambiar su secuencia, repetirlas, apresurarlas o hacerlas más lentas, según quiere. Puede detenerse en una imagen, cobijarla, mantenerse en ella, y así puede obtener de tal repetido examen de las experiencias, mucho de lo que no advirtió al pasar por ellas, sujeto al incesante movimiento de la rueda del tiempo. Dentro de sus propios dominios puede disponer de su tiempo en lo que a la medida del mismo concierne, como hace Ishvara, el Logos, para sus mundos; sólo que no puede escapar a la esencia del tiempo hasta que pueda alcanzar la conciencia Ishvárica, libertándose de los lazos de la materia del mundo.

RECEPTIVIDAD DEL YO PARA EL NO-YO

El primer requisito para el pensar competente es una observación atenta y exacta. El Yo, como conocedor, debe observar al No-Yo con atención y exactitud, si éste ha de convertirse en lo conocido y fundirse así en el Yo. El segundo requisito es la receptividad y tenacidad en el cuerpo mental, la facultad de ceder pronto a las impresiones y retenerlas una vez hechas. En proporción de la atención y exactitud de la observación del conocedor y de la receptividad y tenacidad de su cuerpo mental, se hallará la rapidez de su evolución y la celeridad con que sus potencias latentes se convierten en poderes activos. Si el conocedor no ha observado con exactitud la imagen de pensamiento, o si el cuerpo mental, falto de desarrollo, sólo ha sido sensible a las vibraciones más fuertes de un objeto externo, y por consiguiente, sólo ha reflejado una reproducción imperfecta, el material para el pensamiento es impropio y erróneo. Sólo se ha obtenido en un principio el bosquejo general, quedando los detalles borrosos y hasta faltando del todo. A medida que desarrollamos nuestras facultades, a medida que introducimos una materia más sutil en el cuerpo mental, veremos que podemos recibir del mismo objeto externo mucho más de lo que recibíamos en los tiempos de menor desarrollo, encontrando así mucho más en un objeto que lo que antes encontrábamos. Pongamos a dos hombres en un campo en presencia de una espléndida puesta de sol. Supongamos que uno de ellos es un campesino poco desarrollado, que no tiene la costumbre de observar la Naturaleza sino en lo que concierne a sus cosechas; que sólo ha mirado al cielo para saber si promete lluvia o sol, sin importarle nada su aspecto sino en lo que hace referencia a su modo de ganarse la vida o a su empleo. Supongamos que el otro es un artista, un pintor de genio, lleno de amor por lo hermoso y educado a ver y a gozar de cada matiz y tono de color. Los cuerpos físico, astral y mental del campesino, están todos en presencia de esta brillante puesta de sol, y todas las vibraciones que produce actúan sobre los vehículos de su conciencia; ve diferentes colores en el cielo y observa que hay mucho rojo que promete un hermoso tiempo para el día siguiente, bueno o malo para su cosecha, según sea el caso. Esto es todo lo que saca de ello. Los cuerpos físico, astral y mental del pintor están todos expuestos exactamente a las mismas pulsaciones que los del campesino; pero ¡cuán diferente es el resultado! El material más sutil de sus cuerpos reproduce un millón de vibraciones demasiado rápidas y sutiles que no conmueven el material más grosero del otro. Por consiguiente, su imagen de la puesta del sol es muy diferente de la imagen producida en el campesino. Los tonos delicados de color, el matiz que se desvanece en otro matiz, el azul y rosa transparentes, y el verde mar pálido iluminado de reflejos dorados con franjas de púrpura real, todos son gustados con detenido placer, con éxtasis de goce senciente; despiértanse delicadas emociones, el amor y la admiración cámbianse en reverencia y alegría de que existan tales cosas; surgen las ideas de carácter más inspirado, a medida que el cuerpo mental se modifica bajo las vibraciones que actúan en él en el plano mental, del aspecto mental de la puesta de sol. La diferencia de las imágenes no es debida a una causa externa, sino a una receptividad interna. No depende de lo externo, sino de la capacidad de responder. No está en el No-Yo, sino en el Yo y sus envolturas. Con arreglo a estas diferencias es el resultado que se produce. ¡Cuán poco fluye en el primero! ¡Cuánto fluye en el segundo! Aquí vemos con evidencia sorprendente el significado de la evolución del conocedor. Alrededor nuestro puede haber un universo de hermosura; sus hondas actúan sobre nosotros de todos lados, y, sin embargo, puede ser como si no existieran. Todo lo que está en la mente de Ishvara, el Logos de nuestro sistema, está actuando sobre nosotros y sobre nuestros cuerpos ahora. Lo que de ello podemos recibir marca el grado de nuestra evolución. Lo que hace falta para el desarrollo no es un cambio fuera de nosotros, sino un cambio dentro de nosotros. Todo nos ha sido ya dado; pero tenemos que desarrollar la capacidad para recibir.

CAPÍTULO 5

EL DESARROLLÓ DEL PENSAMIENTO, LA OBSERVACIÓN Y SU VALOR

Por lo ya expuesto se comprenderá que la observación exacta es un elemento para pensar con claridad. Tenemos que principiar nuestro trabajo en el plano físico, donde nuestros cuerpos se ponen en contacto con el No-Yo. Marchamos hacia arriba, y toda la evolución principia en el plano inferior, pasando al superior; en el inferior tocamos, en primer término, el mundo externo y de éste pasan las vibraciones hacia arriba - o hacia adentro - haciendo surgir los poderes internos. La observación exacta es, pues, una facultad que debe cultivarse definidamente. La mayor parte de la gente va por el mundo con los ojos medio cerrados, y esto lo puede comprobar cada uno de por sí preguntándose a sí mismo acerca de lo que ha observado al pasar por una calle. Podemos preguntarnos: ¿Qué he observado al pasar por tal calle? Mucha gente no ha observado casi nada; no ha formado ninguna imagen clara. Otros habrán quizás observado unas pocas cosas, algunos quizás muchas. Se cuenta del padre de Houdin que educó a su hijo en la observación del contenido de las tiendas ante las cuales pasaba al ir por las calles de Londres, hasta que llegó a poder dar cuenta de todo lo que contenía el frente de una tienda, con sólo lanzar sobre la misma una simple mirada. El niño normal y el salvaje son observadores, y según sea su capacidad de observación, así es la medida de su inteligencia. La costumbre de observar de un modo claro y rápido tiene su fundamento; en el hombre de inteligencia mediana, en el pensar con claridad. Los que piensan muy confusamente son, por lo general, los que observan con menos exactitud, excepto cuando la inteligencia está altamente desarrollada y está habitualmente vuelta hacia dentro de si misma. Pero la contestación a la pregunta anterior puede ser: "Estaba pensando en otra cosa, y por tanto no observé". Y la contestación es muy apropiada si el que contesta estaba pensando en algo más importante que la educación del cuerpo mental y que la del poder de la atención por medio de la observación cuidadosa; pero si el que contesta sólo ha estado soñando, vagando su pensamiento de modo indeterminado, entonces ha malgastado su tiempo mucho más que si hubiese dirigido su energía hacia afuera. Esta distinción debe considerarse como limitando las anteriores observaciones; pues un hombre sumido profundamente en sus pensamientos, no observará los objetos pasajeros porque estará fijo en lo interior, y no en lo exterior. Los altamente desarrollados y los que lo estén sólo parcialmente, necesitan una educación distinta. Pero, ¿cuántos, entre los que no observan, están realmente "sumidos profundamente en sus pensamientos"? En la mente de la mayor parte todo lo que pasa es un vago mirar a cualquier imagen de pensamiento que pueda presentársele; una contemplación, sin objeto determinado, del contenido de su joyero o de sus armarios. Esto no es pensar, pues, pensar significa cómo hemos visto, el establecer relaciones, el añadir algo que no estuviera previamente presente. Al pensar, la atención del conocedor se dirige deliberadamente a imágenes de pensamiento, y trabaja activamente con ellas. El desarrollo, pues, del hábito de observación constituye una parte de la educación de la mente y los que lo practiquen encontrarán que la mente se esclarece, aumenta en poder y se hace más fácilmente manejable; de suerte que pueden dirigirla a un objeto dado mucho mejor que lo que podían hacer antes. Ahora bien, este poder de observación, una vez definidamente establecido, obra automáticamente registrando el cuerpo mental las imágenes, las cuales puede utilizar después si las necesita, sin exigir la atención de su dueño. Un caso muy trivial, pero significativo, de esta clase, puedo presentar como experiencia propia. Viajando yo en América se suscitó una cuestión acerca del número de la máquina de un tren, en el que habíamos viajado. Esto no fue en modo alguno un caso de clarividencia. El número se presentó instantáneamente en mi mente. Sin acción alguna consciente mía, la mente había observado y registrado el número al entrar el tren en la estación, y cuando se necesitó saberlo, la imagen mental del tren entrante, con el número en el frente de la máquina se me presentó en seguida. Esta facultad, una vez establecida, es muy útil, pues significa que cuando las cosas han estado pasando en torno de uno sin distraer en aquel momento la atención, se puede, sin embargo, recordarlas mirando el registro que el cuerpo mental había hecho de ellas por su propia cuenta. Esta actividad automática del cuerpo mental fuera de la actividad consciente de Siva , tiene efecto en todos nosotros de un modo más considerable que lo que pudiera suponerse; pues se ha visto que cuando una persona es hipnotizada, refiere muchos pequeños sucesos que le habían acaecido sin despertar su atención. Estas impresiones llegan al cuerpo mental por medio del cerebro, y se imprimen en éste lo mismo que en aquél. De este modo llegan al cuerpo mental muchas impresiones que no fueron suficientemente fuertes para penetrar en la conciencia, no porque la conciencia no pueda conocerlas, sino porque no está lo suficientemente despierta más que para registrar las impresiones más profundas. En el estado hipnótico, en el delirio, en los sueños físicos, cuando el Siva no está presente, el cerebro da de si estas impresiones, que generalmente están dominadas por las impresiones mucho más fuertes que el mismo Siva hace o recibe; pero si la mente se educa en observar y registrar, entonces el Siva puede recobrar de ellas las impresiones de que este modo se hayan hecho. Así si dos individuos pasan por una calle, uno de ellos educado en la observación y otro no, ambos pueden recibir un número de impresiones sin que ninguno de ellos se dé cuenta de las mismas en aquel momento; pero después el observador educado podrá recordar estas impresiones, al paso que el otro no. Como este poder depende del pensar con claridad, los que deseen cultivar y dominar el poder del pensamiento, harán bien en no descuidar el cultivo del hábito de observación y sacrificar el mero placer de vagar por donde quiera que la corriente de la fantasía pueda llevarlos.

LA EVOLUCION DE LAS FACULTADES MENTALES

A medida que se acumulan imágenes, el trabajo del

conocedor se hace más complicado y su actividad en ellas hace surgir un poder tras otro, inherentes a su naturaleza divina. Ya no acepta el mundo externo, tan sólo en su simple relación con él mismo, como conteniendo objetos que son causa de placer o de dolor para él, sino que dispone unas al lado de otras las imágenes de los mismos, las estudia en sus diversos aspectos, les da vueltas y las vuelve a considerar. También principia a coordinar sus propias observaciones. Observa el orden de sucesión de las imágenes. Cuando unas dan lugar a otras; cuando una segunda imagen ha seguido a una primera muchas veces, principia a buscar la segunda cuando la primera se presenta, y de este modo las enlaza. Este es el primer paso hacia el razonamiento, y en este punto también tenemos la llamada hacia afuera de una facultad inherente. Arguye que A y B han aparecido siempre sucesivamente, y que, por *tanto,* cuando A aparece, B aparecerá también: Esa previsión, al comprobarse constantemente, le hace enlazadas como "causa" y "efecto", y muchos de sus primeros errores son debidos al establecimiento demasiado precipitado de esta relación. Por otra parte, poniendo las imágenes una al lado de la otra, observa su semejanza o desemejanza, y desarrolla la facultad de comparar. Elige una u otra como productora de placer, y mueve su cuerpo en el mundo externo en busca de ellas, desarrollando su juicio por estas selecciones y sus consecuencias. Desenvuelve un sentido de las proporciones en relación con la semejanza o desemejanza, y agrupa los objetos con arreglo a su mayor igualdad, o los separa según su mayor diferencia; en esto también comete muchos errores; por inducirle fácilmente a ellos las semejanzas superficiales, pero que luego corrige por observaciones posteriores. De este modo la observación, la distinción, la razón, la comparación, el juicio, se desenvuelven uno tras otro; son facultades que se desarrollan con la práctica, y así crece este aspecto del Yo como conocedor, por medio de la actividad de los pensamientos, por la acción y reacción, constantemente repetida y entrelazada entre el Yo y el No-Yo. Para apresurar la evolución de esas facultades, debemos ejercitarlas deliberada y conscientemente, usando las circunstancias de la vida diaria como oportunidades para desarrollarlas. Del mismo modo, como el poder de observación, según hemos visto ya, puede educarse en esta vida diaria, así también podemos acostumbrarnos a ver los puntos de parecido o de semejanza en los objetos que nos rodean; podemos sacar conclusiones y comprobarlas por medio de los sucesos; podemos comparar y juzgar, y todo esto conscientemente y con un objeto dado. El poder del pensamiento crece rápidamente con este ejercicio deliberado, y se convierte en una cosa que se maneja constantemente, porque se siente como una posesión definida.

LA MEMORIA

A fin de poder comprender claramente cuál es la causa de la "mala memoria", debemos examinar el proceso mental que construye lo que llamamos memoria. Aunque en muchos libros psicológicos se habla de la memoria como de una facultad mental, no existe realmente una facultad a la que se le pueda dar este nombre. La persistencia de una imagen mental no es debida a facultad especial alguna, sino que pertenece a la cualidad general de la mente; una mente débil, es débil en persistencia como en todo lo demás; y lo mismo que una substancia demasiado fluida no retiene la forma del molde en el que se la haya vertido, así pierde la forma que ha asumido. Cuando el cuerpo mental está poco organizado, cuando es un mero agregado de moléculas de materia mental, una masa a manera de nube sin mucha coherencia, la memoria será ciertamente débil. Pero esta debilidad es general, no especial; es común a toda la mente; y es debida a su estado inferior de evolución. A medida que el cuerpo mental se organiza y funcionan en él los poderes de Siva, vemos, sin embargo, a menudo, lo que se llama "una mala memoria". Pero si observamos esta "mala memoria", veremos que no es deficiente en todos los aspectos, sino que hay algunas cosas que se recuerdan bien y que la mente retiene sin esfuerzo. Si luego examinamos estas cosas que se recuerdan, veremos que son aquellas que atraen con fuerza a la mente, que las cosas que gustan mucho no se olvidan. He conocido a una mujer que se quejaba de mala memoria respecto de asuntos de estudios, al paso que observé en ella una memoria muy retentiva acerca de detalles de un vestido que admiraba. A su cuerpo mental no le faltaba el poder retentivo y suficiente, y cuando observaba cuidadosa y atentamente y producía una imagen mental clara, éste tenía prolongada vida. En esto tenemos la clave de la "mala memoria". Es debida a falta de atención, a falta de observación exacta y, por tanto, a un pensamiento confuso. El pensamiento confuso es la impresión borrosa causada por la observación descuidada y la falta de atención, al paso que el pensamiento claro es la impresión bien marcada, debida a la atención concentrada y a la observación cuidadosa y exacta. No recordamos las cosas a las que prestamos poca atención; pero recordamos bien las cosas que nos interesan mucho.

¿ Como debe, pues, tratarse una "mala memoria"? Primeramente debe observarse las cosas respecto de las cuales es mala, y aquellas para la que es buena, a fin de calcular la cualidad general de adhesividad. Luego deben examinarse las cosas para las cuales es mala, a fin de ver si valen la pena de ser recordadas, y si son cosas que no nos importan. Si vemos que no nos importan, pero que en nuestros momentos mejores sentimos que deben interesarnos, entonces debemos decirnos: "Voy a fijarme en ellas, voy a observarlas con exactitud y voy a pensar en ellas cuidadosa y detenidamente". Haciendo esto vemos que nuestra memoria mejora, pues, como se ha dicho antes, la Memoria depende realmente de la atención, de la observación exacta y del pensamiento claro. Un objeto que atraiga es valioso para fijar la atención; si éste no está presente, su lugar debe reemplazarse por medio de la voluntad. En esto, como en todas las cosas, un pequeño ejercicio que se repita diariamente, es de mucho más efecto que un gran esfuerzo seguido, de un periodo de inacción. Debemos imponernos la pequeña tarea diaria de observar una cosa cuidadosamente, imaginándola en la mente con todos sus detalles, manteniendo la mente fija en ella durante un poco de tiempo, como puede fijarse el ojo físico en un objeto. Al siguiente día debemos evocar la imagen reproduciéndola con la mayor exactitud que se pueda, y luego comparada con el objeto y observar las inexactitudes. Si concedemos cinco minutos diarios a este ejercicio, observando alternativamente un objeto, imaginándolo luego en la mente y evocando la imagen al día siguiente y comparándola con el objeto, "mejoraremos nuestra memoria" muy rápidamente, al paso que estamos mejorando realmente nuestros poderes de observación, de atención, imaginación y de concentración; en una palabra: estaremos organizando el cuerpo mental y haciéndolo propio, mucho más rápidamente que lo hará la naturaleza sin ayuda, para desempeñar sus funciones de un modo efectivo y útil. Ningún hombre puede emprender un ejercicio como éste sin que le produzca efecto, y pronto tendrá la satisfacción de conocer que sus poderes han aumentado y que se hallan mucho más sujetos al dominio de la voluntad. Los medios artificiales para mejorar la memoria presentan las cosas a la mente en forma atractiva, o asocia con esa forma la cosa que hay que recordar. Si una persona percibe con facilidad, puede ayudar a una mala memoria formando una imagen y relacionando las cosas que quiere recordar con determinados puntos de la pintura. Otras personas, en quienes domina el poder auditivo, se acuerdan por medio de un ritmo o retintín, y, por ejemplo, construyen con una serie de fechas u otros hechos poco atractivos, versos que se "agarran a la mente". Pero mucho mejor que estos métodos es el racional que hemos descrito antes, con cuyo uso el cuerpo mental mejora su organización, se hace más coherente en sus materiales.

LA EDUCACION DE LA MENTE

El educar la mente en cualquier sentido es educarla toda en cierto grado, pues cualquier clase definida de educación organiza la materia mental de que está compuesto el cuerpo mental, así como también llama hacia afuera algunos de los poderes del conocedor. La facultad mejorada puede dirigirse a un fin cualquiera y sirve para todos los objetos. Una mente educada puede aplicarse de un modo que sería imposible a la no educada, y ésta es la utilidad de la educación. Pero no debe nunca olvidarse que la educación de la mente no consiste en sobrecargarla de hechos, sino en desarrollar sus poderes. La mente no se desarrolla poniéndola repleta con los pensamientos de otros, sino ejercitando sus propios poderes. Se dice de los grandes Maestros que se hallan a la cabeza de la humanidad, que conocen todo cuanto existo en el sistema solar. Esto no significa que todos los hechos que en éste se encierran están siempre en su conciencia, sino que han desarrollado de tal modo en ellos el aspecto del conocimiento, que siempre que dirigen su atención sobre algo, conocen el objeto en que la han fijado. Esto es algo mucho más grande que el acopio en la mente de cualquier número de hechos, así como es una cosa más grande ver un objeto en el que se fija la mirada, que ser ciego y conocerlo sólo por la descripción que otros hacen. La evolución de la mente se mide no por las imágenes que contiene, sino por el desarrollo de la naturaleza llamada conocimiento, el poder de reproducir en ella todo cuanto se le presente. Esto es tan útil en cualquier otro universo como en éste, y una vez obtenido, es nuestro para emplearlo donde quiera que estemos.

LA ASOCIACIÓN CON SUPERIORES

Ahora bien: este trabajo de educar la mente puede ser muy auxiliado poniéndonos en contacto con aquellos que están más altamente desarrollados que nosotros. Un pensador de mayor poder que nosotros puede ayudarnos materialmente porque emite vibraciones de un orden superior al que nosotros podemos crear. Un pedazo de hierro no puede por si solo emitir vibraciones de calor; pero si se halla cerca del fuego, puede responder a las vibraciones de éste y calentarse. Cuando nos hallamos al lado de un pensador potente, sus vibraciones obran en nuestro cuerpo mental y despiertan en él vibraciones respondientes, de suerte que vibramos en simpatía por él. Durante aquel tiempo sentimos que nuestro poder mental ha aumentado y que podemos asir conceptos que normalmente se nos escapan; pero cuando de nuevo nos hallamos solos, vemos que estos mismos conceptos se han tornado borrosos y confusos. Muchas veces sucede que la gente oye un discurso y lo sigue inteligentemente durante aquel tiempo. Se marchan luego muy satisfechos, sintiendo que han obtenido algo valioso en conocimiento. Al día siguiente, al querer participar a un amigo lo que han obtenido, encuentran, con mortificación, que no pueden reproducir los conceptos que tan claros y luminosos le parecieron, y entonces exclaman: "Estoy seguro que lo sé; aquí lo tengo, sólo que falta agarrarlo". Este sentimiento proviene de la memoria, de las vibraciones que, tanto el cuerpo mental como Siva, han experimentado; existe la conciencia de haber comprendido los conceptos, la memoria de las formas tomadas y el sentimiento de que, habiéndolas producido, su reproducción debiera ser fácil. Pero el día anterior las vibraciones superiores fueron las que produjeron las formas cogidas por el cuerpo mental; fueron moldeadas desde afuera y no desde adentro. La impotencia experimentada al tratar de reproducirlas, significa que este moldeamiento tiene que repetírsele algunas veces antes de que tenga suficiente fuerza para reproducir estas formas por vibraciones por él mismo iniciadas. El Conocedor tiene que vibrar de este modo superior varias veces antes de que pueda reproducir las vibraciones a voluntad. En virtud de su propia inherente naturaleza, puede desenvolver el poder dentro de sí para reproducirlas, una vez que se ha hecho responder varias veces a la impresión desde afuera. El poder en ambos conocedores es el mismo, pero el uno lo ha desarrollado, al paso que el otro está latente. Se le saca de esta latencia por el contacto con un poder semejante ya en actividad, y de este modo el más poderoso apresura la evolución del más débil. En eso consiste una de las utilidades de asociarse con personas más avanzadas que nosotros. Nos aprovechamos de su contacto y nos desarrollamos bajo su influencia estimulante. Un verdadero Maestro ayuda de este modo a sus discípulos mucho más teniéndolos a su lado que por la palabra. Para esta influencia el trato personal directo proporciona el contacto más efectivo. Pero a falta de esto o la asociación con el Maestro, mucho puede también obtenerse de los libros, si éstos se eligen sabiamente. Al leer una obra de un verdadero gran escritor, debemos por el momento tratar de colocarnos en una situación negativa o receptiva, de suerte que se reciba el mayor número posible de sus vibraciones mentales. Cuando hayamos percibido estas vibraciones, nos esforzaremos al tratar de sentir el pensamiento que parcialmente expresan, extraer de ellas todas sus ocultas relaciones. Nuestra atención debe concentrarse de modo que penetre la mente del escritor al través del velo de sus palabras. Semejante lectura sirve de educación y hace progresar nuestra evolución mental. Una lectura menos esforzada puede servir de pasatiempo, puede llenar nuestra mente, con hechos valiosos y aumentar así nuestra utilidad. Pero la lectura que se ha escrito significa un estimulo para nuestra evolución, y no debe ser descuidado por los que buscan el desarrollo con el fin de servir.

CAPÍTULO 6

CONCENTRACIÓN

Pocas cosas hay que sean tan difíciles para el estudiante que principia a educar su mente como la concentración. En las primeras etapas de la actividad de la mente, el progreso depende de sus veloces movimientos, de su viveza, de su disposición para recibir los choques de sensaciones tras sensaciones, volviendo su atención prontamente de una a otra. En esta etapa la versatilidad es una cualidad valiosísima siendo esencial para el progreso la dirección constante de la atención hacia lo externo. Mientras que la mente esté reuniendo materiales para pensar, la extrema movilidad es una ventaja; y durante muchas, muchísimas vidas, la mente se desarrolla por medio de esta movilidad, la cual aumenta con la práctica. La interrupción de esta costumbre de exteriorizarse en todas direcciones, la imposición de la fijeza de la atención en un solo punto, semejante cambio causa un sacudimiento, un choque, y la mente se precipita alocada, como el caballo no domado cuando por primera vez siente el freno. Hemos visto que el cuerpo mental se amolda a las imágenes de los objetos a que se dirige la atención. Patanjali habla de la interrupción de las modificaciones del principio pensante, esto es, la interrupción de esas constantes reproducciones del mundo externo. El detener las constantes modificaciones del cuerpo mental, y el mantenerlo amoldado con fijeza a una imagen mental, es concentración en lo que a la forma se refiere; dirigir la atención con fijeza a esta forma, a fin de reproducirla perfectamente dentro de sí, es concentración en lo que respecta al conocedor. En la concentración, la conciencia está fija en una sola imagen; toda la atención del conocedor está dirigida a un solo punto, sin fluctuaciones ni desviaciones. La mente – la cual discurre continuamente de una a otra cosa, atraída por los objetos externos, amoldándose a cada uno en veloz sucesión - es enfrentada, mantenida y obligada por medio de la voluntad a permanecer en una forma, moldeada a una imagen, sin atender a ninguna otra impresión. Ahora bien; cuando se mantiene a la mente de este modo, amoldada a una imagen, y el conocedor la completa fijamente, obtiene un conocimiento del objeto muchísimo mayor que el que pudiera aportarle cualquier descripción verbal del mismo. Nuestra idea de una pintura, de un paisaje, es mucho más completa cuando la hemos visto que cuando sólo la leemos u oímos hablar de ella. Y si nos concentramos en tal descripción, la pintura toma forma en el cuerpo mental, y obtenemos un conocimiento mucho más completo que el que se obtiene por la mera lectura de las palabras. Las palabras son símbolos de las cosas, y la concentración en el bosquejo de una cosa producida por la palabra descriptiva, añade más y más detalles, por ponerse la conciencia más en contacto con la cosa descrita. Al principio de la práctica de la concentración hay que luchar con dos dificultades. Primera, el desatender las impresiones que continuamente se reciben. Hay que impedir que el cuerpo mental conteste a estos contactos, debiendo resistirse la tendencia a responder a las impresiones externas; pero esto requiere dirigir parcialmente la atención a esta misma resistencia, y cuando se ha vencido la tendencia a responder, la resistencia misma tiene que cesar; necesitase el equilibrio perfecto, ni resistencia ni no resistencia, sino una firme quietud, tan poderosa que las ondas externas no produzcan ningún resultado, ni tan siquiera el resultado secundario de tener conciencia de un algo que hay que resistir. Segunda, la mente debe sostener como única imagen, durante el tiempo que sea el objeto de la concentración; no sólo debe resistirse a ser modificada en contestación a los choques externos, sino que debe también cesar su propia actividad interna, la cual está siempre barajando su contenido, pensando en él, estableciendo nuevas relaciones, descubriendo semejanzas y desemejanzas ocultas. Esta imposición de quietud interna es aún más difícil que permanecer ignorante de choques externos, por referirse a su propia vida intima y completa. El volver la espalda al mundo externo, es más fácil que aquietar el interno, porque este mundo interno está más identificado con el Yo; y en una palabra, para la mayor parte de la gente en el presente grado de evolución, representa el "yo" (personal). El intento mismo, sin embargo, de aquietar la mente de este modo, produce pronto un avance en la evolución de la conciencia, porque inmediatamente sentimos que el que gobierna y el gobernado no pueden ser uno, e instintivamente nos identificamos con el primero. "Yo aquieto mi mente", es la expresión de la conciencia, y se siente a la mente como perteneciendo al "yo", como una propiedad suya. Esta distinción crece inconscientemente y el estudiante encuentra que está adquiriendo la conciencia de una dualidad, de algo que domina y de algo que es dominado. La mente concreta inferior es apartada y el "yo" se siente como un poder mayor, como una visión más clara, y se desarrolla un sentimiento de que este "yo" no depende ni del cuerpo ni de la mente. Este es el primer albor de conciencia de la verdadera naturaleza inmortal, y el horizonte se dilata, pero interiormente, no externamente, hacia adentro, más y más, continuamente y sin limitación. Desarróllase el poder de conocer la Verdad a primera vista, el cual sólo se muestra cuando se trasciende a la mente, con su lento proceso de razonar. Porque el "yo" es la expresión del Yo, cuya naturaleza es conocimiento, y siempre que se pone en contacto con una verdad encuentra sus vibraciones regulares, y por tanto en armonía con las suyas, al paso que lo falso le desentona y causa un sonido discordante, anunciando su naturaleza con su mismo contacto. A medida que la mente inferior asume una posición más y más subordinada, estos poderes del Ego afirman su propio predominio, y la intuición - análoga a la visión directa del plano físico - sustituye al razonamiento, el cual puede ser comparado al sentido del tacto en el plano físico. Cuando la mente está bien educada en la concentración de un objeto, y puede sostener su "agudeza" - según especialmente se llama este estado - corto rato, el grado que a éste sigue es abandonar el objeto y mantener la mente en esta actitud de atención fija, sin que la atención esté dirigida a cosa alguna. En este estado el cuerpo mental no muestra ninguna imagen; su material propio existe siempre, mantenido fijo y firme, sin recibir impresiones, en un estado de calma perfecta, como un lago sin olas. Entonces el Ego puede formar el cuerpo mental con arreglo a sus propios elevados pensamientos y penetrarlo con sus propias vibraciones. El puede moldearlo con arreglo a las elevadas visiones de los planos superiores al suyo, de los cuales ha obtenido un vislumbre en sus momentos de mayor elevación, y de esta manera puede aportar ideas a las que el cuerpo mental no hubiera podido responder de otro modo. Estas son las inspiraciones del genio, ese relámpago que desciende a la mente con deslumbrante luz y que ilumina al mundo. El hombre mismo que las comunica al mundo escasamente puede decir, en su estado mental ordinario, cómo han llegado a él: sólo sabe que de algún modo extraño.

...el poder dentro de mí resonando
Vive en mi labio y llama con mi mano.

LA CONCIENCIA ESTA DONDE QUIERA QUE HAY UN OBJETO AL CUAL RESPONDE

En el mundo de las formas, una forma ocupa un espacio definido y no puede decirse - si se permite la frase - que está en un sitio donde no está; esto es, que ocupando cierto lugar, está más cerca o más lejos de otras formas que ocupan determinados sitios con relación al suyo. Si cambia de un sitio a otro, tiene que cruzar el espacio que entre ambos media, cuyo tránsito puede ser rápido o lento, veloz como un relámpago o perezoso como la tortuga, pero que tiene que hacerse y emplear cierto tiempo, ya sea corto o largo. Ahora bien: respecto de la conciencia, el espacio no existe. La conciencia cambia de estado, pero no de sitio, y abarca más o menos, conoce o no conoce aquello que no es ella misma, justamente en la proporción en que pueda o no pueda responder a las vibraciones de los no-yos. Su horizonte se ensancha con su receptividad, esto es con su poder de responder, con su poder de reproducir vibraciones. En esto no hay nada de viajar, de cruzar intervalos intermedios. El espacio pertenece a las formas, las cuales se afectan más entre sí cuanto más próximas se hallan unas de otras y cuya mutua influencia disminuye a medida que aumenta la distancia que las separa. Todos los que practican la concentración con éxito descubren para si esta no existencia del espacio para la conciencia. Un verdadero adepto puede adquirir conocimiento de cualquier objeto concentrándose en él, sin que la distancia afecte en nada tal concentración. Adquiere conciencia de un objeto que se encuentre, pongamos por caso, en otro planeta, no porque su visión astral actúe telescópicamente, sino porque en la región interna existe el universo entero como un punto; un hombre semejante llega al Corazón de la Vida y ve todas las cosas en él. En los Upanishadas está escrito que dentro del corazón hay una pequeña cámara, y que dentro de ella está el "éter interno", el cual es coextensivo con el espacio; éste es el Atma, el Yo inmortal inaccesible a todo dolor.

Dentro moran el firmamento y el mundo;
dentro moran el fuego y el aire, el sol y la luna, los relámpagos y las estrellas, todo lo que está y todo lo que no está en Este

(EL UNIVERSO).
"CHHANDOGYOPANISHAD", VIII, 1, 3.

Este "éter interno del corazón" es un término místico antiguo que describe la naturaleza sutil del Yo, el cual es, verdaderamente, uno y todo penetrante, de suerte que aquel que sea consciente en el Yo, es consciente de todos los puntos del Universo. La ciencia dice que un movimiento de un cuerpo aquí, afecta la estrella más distante, porque todos los cuerpos están sumergidos en el éter y penetrados por él, un medio continuo que transmite las vibraciones sin fricción alguna, y por tanto, sin pérdida de energía, y por consiguiente a cualquier distancia. Esto es en el aspecto forma de la Naturaleza. Es, pues, natural que la conciencia, el aspecto vida de la Naturaleza, sea del mismo modo toda penetrante y continua. Nosotros sentimos que estamos "aquí" porque estamos recibiendo impresiones de los objetos que nos rodean. Así, cuando la conciencia vibra en contestación a objetos "distantes" de un modo tan completo como a objetos "próximos", sentimos que estamos con ellos. Sí la conciencia responde a un suceso que tiene lugar en nuestra propia habitación, no hay diferencia en el conocimiento que se adquiere de uno y de otro, y en ambos casos se siente igualmente estar "aquí". El Conocedor está donde quiera que su conciencia puede responder, y el aumento de este poder significa la inclusión en su conciencia de todo aquello a que responde, de todo aquello que está en su esfera de vibración. En este punto también es útil la analogía física. El ojo puede ver todo aquello que puede lanzar vibraciones luminosas en él, pero nada más. Puede responder dentro de cierta esfera de vibraciones; todo lo que esté fuera de ella, por encima axioma hermético "así como es arriba es abajo", o por debajo, es para él oscuridad. El antiguo es una clave en el laberinto que nos rodea, y estudiando lo reflejado abajo, podemos muchas veces aprender algo del objeto que desde arriba se refleja. Una diferencia entre este poder de estar consciente de cualquier sitio y "el ir" a planos superiores, es que en el primer caso el Jiva, ya esté o no encerrado en sus vehículos inferiores, se siente en el acto en presencia de los objetos "distantes", y en el segundo, revestido del cuerpo mental y del astral, o solamente del primero, viaja velozmente de un punto a otro con conciencia de la traslación. Una diferencia aun mucho más importante es que el Jiva puede encontrarse en medio de una multitud de objetos de los cuales no entiende absolutamente nada, un mundo nuevo y extraño que se sorprende y confunde; al paso que en el primer caso comprende todo lo que ve, y conoce en todas ocasiones la vida así como la forma. Estudiada de este modo, la luz del Yo Uno brilla a través de todo, y se goza de un conocimiento sereno que nunca pudiera adquirirse pasando edades sin cuento en medio del desierto de la. formas. La concentración es el medio por el cual el Jiva escapa de la esclavitud de las formas y entra en la paz. "Para él no hay paz sin la concentración", dice el Maestro (Bhagavad Gita, II, 66); pues la paz tiene su nido en una roca que se cierne sobre las agitadas ondas de la forma.

MENTES VAGABUNDAS

La queja universal que viene de los que principian a practicar la concentración, es que el intento mismo de concentrarse da por resultado una mayor inquietud de la mente. Hasta cierto punto esto es verdad; pues la ley de acción y reacción funciona en esto como en todo, y la impresión que se impone a la mente produce una reacción correspondiente. Pero al paso que admitimos esto, vemos, estudiando el asunto con mayor detenimiento, que el aumento de inquietud es en gran parte ilusorio. El sentimiento de tal aumento se debe principalmente a la oposición que de repente hace surgir entre el Ego que desea la fijeza y la mente en su condición normal de movilidad. El Ego ha sido, durante una larguísima serie de vidas, llevado de aquí para allá por la mente en todos sus veloces movimientos, así como el hombre es llevado siempre a través del espacio por la tierra. El no es consciente del movimiento; no sabe que el mundo se mueve, de tal manera forma él parte del mismo, moviéndose como él se mueve. Si pudiera separarse de la tierra y detener su propio movimiento sin quedar reducido a átomos, entonces solamente podría tener conciencia de que la tierra se movía con gran velocidad. Mientras el hombre cede a todos los movimientos de la mente no se da cuenta de su continua actividad e inquietud; pero cuando se queda quieta, cuando cesa de moverse, entonces siente el incesante movimiento de la mente, a la cual hasta entonces ha obedecido. Si el principiante conoce estos hechos, no se desanimará desde el comienzo mismo de sus esfuerzos al encontrarse con esta experiencia universal, sino que considerándola como una resultante natural, proseguirá tranquilamente su tarea. Y, después de todo, no hace más que repetir la experiencia que expresó Arjuna hace cinco mil años.

> *"Este Yoga que Tú has declarado ser por ecuanimidad, oh matador de madhu, no lo veo firmemente fundado, a causa de la inquietud; pues la mente es verdaderamente inquieta, oh Krishna; es impetuosa, fuerte y difícil de doblegar: la considero tan difícil de*

dominar como el viento. Y la contestación es, no obstante, verdad, la contestación señala el único medio de conseguirlo. Sin duda alguna, oh poderoso armado, la mente es difícil de dominar e inquieta; pero puede ser doblegada por medio de la práctica constante y por la indiferencia. "

("BHAGAVAD GITA, VI, 35, PÁG. 94.")

La mente, de este modo aquietada, no perderá tan fácilmente su equilibrio por los pensamientos vagabundos de otras mentes que buscan siempre dónde deslizarse, multitud vagabunda que constantemente nos rodea. La mente acostumbrada a la concentración, retiene siempre cierta positividad, y no se amolda fácilmente a los intrusos. Todos los que se dediquen a educar sus mentes deben mantener una actitud de firme vigilancia respecto de los pensamientos que "vienen a la mente", practicando siempre con ellos una selección constante. El negarse a abrigar malos pensamientos, el repelerlos prontamente si llegasen a entrar, el reemplazar en el acto un pensamiento malo por uno bueno de naturaleza opuesta, esta práctica templará la mente de tal modo que después de cierto tiempo obrará automáticamente, rechazando por si misma lo malo. Las vibraciones rítmicas, armoniosas, repelen las inarmónicas e irregulares; son lanzadas de la rítmica y vibrante superficie como una piedra que choca contra una rueda que gira. Viviendo, como todos vivimos, en una corriente continua de pensamientos buenos y malos, necesitamos cultivar la acción selectiva de la mente, de suerte que los buenos sean automáticamente acogidos y los malos automáticamente rechazados. La mente es como un imán, que atrae y repele, y la naturaleza de sus atracciones y repulsiones puede ser determinada por nosotros mismos. Si observamos los pensamientos que acuden a nuestra mente, veremos que son de la misma clase que los que habitualmente abrigamos. La mente atrae los pensamientos que son congruentes con sus actividades normales. Si, pues, practicamos deliberadamente durante un tiempo la selección, la mente verificará pronto esta selección por sí misma en la senda que se le ha marcado, y de este modo los pensamientos perjudiciales no penetrarán en la mente, al paso que los benéficos encontrarán siempre la puerta abierta.

MODO DE CONCENTRARSE

Una vez comprendida la teoría de la concentración, el estudiante debe principiar su práctica. Si tiene un temperamento de devoción, su trabajo se simplificará mucho, porque puede tomar el objeto de su devoción como objeto de contemplación; y como el corazón es atraído poderosamente a ese objeto, la mente permanecerá gustosamente en él, presentando la imagen amada sin esfuerzo y excluyendo las otras con igual facilidad; pues la mente es constantemente impelida por el deseo y sirve siempre como ministro del placer. Aquello que causa placer es lo que la mente busca siempre, y siempre trata de presentar imágenes que causan placer y de excluir las que originan dolor. De ahí que se sostendrá en la imagen amada, fijándose en tal contemplación por el poder que causa, y si se le obliga a separarse de ella, volverá una vez y otro. Un devoto puede, pues, alcanzar muy pronto un grado considerable de concentración;

piensa en el objeto de su devoción, creando con la imaginación tan claramente como le es posible, una pintura, una imagen de aquel objeto, y luego conserva la mente fija en esa imagen, en el pensamiento del amado. Así, un cristiano pensaría en el Cristo, en la Virgen Madre, en su Santo Patrono, en su Ángel Guardián, etc.; un indio pensaría en Maheshvara, en Vishnu, en Uma, en Shri Krisna; un budista pensaría en Buda, en Bodhisattva; un parsi en Ahuramazda, en Mithra, y así sucesivamente. Todos y cada uno de estos objetos llaman la devoción del que adora, y la atracción que ejercen sobre el corazón ata la mente al objeto causante del placer. De este modo la mente se concentra con el menor esfuerzo, con la pérdida menor de fuerza. Cuando el temperamento no es de devoción, puede, sin embargo, utilizarse como ayuda el elemento de atracción; pero en este caso debe atraer a una idea, no a una persona. Los primeros intentos de concentración deben hacerse siempre con esta ayuda. En la persona no devota la imagen atrayente debe tomar la forma de alguna idea profunda, de algún elevado problema; esto es lo que debe formar el objeto de la concentración, y en él debe fijarse firmemente. En esto, el poder de sujeción de la atracción es el interés intelectual, el deseo profundo de conocimiento, uno de los amores más hondos del hombre. Otra forma de concentración de mucho resultado, para el que no se sienta atraído a una personalidad como objeto de devoción, es elegir una virtud y concentrarse en ella. Semejante objeto puede despertar una especie de verdadera devoción, porque llama al corazón, por medio del amor, a la belleza intelectual y moral. La virtud debe ser imaginada por la mente del modo más completo posible, y cuando se ha obtenido una vista general de sus efectos, la mente debe sostenerse fija en su naturaleza esencial. Otra gran ventaja de esta clase de concentración es que la mente se moldea a la virtud y repite sus vibraciones, convirtiéndose la virtud gradualmente en parte de la naturaleza y estableciéndose firmemente en el carácter. Este moldeamiento de la mente es en realidad un acto de creación propia, pues la mente, después de algún tiempo, asume gustos a las formas a que se le ha obligado por la concentración, y estas formas se convierten en los órganos de su expresión habitual. Con verdad se ha escrito de muy antiguo:

> *"El hombre es la creación del pensamiento; lo que piensa en su vida, en eso mismo se convertirá en lo sucesivo."*
>
> (CHHANDOGYOPANISHAD, III, XIV, L.)

Cuando la mente se aparta del objeto, ya sea éste de devoción o intelectual - como sucederá una y otra vez -, debe ser atraída y fijada de nuevo en el objeto. Muchas veces, en un principio, vaga lejos sin que tal vagar se note, y el estudiante despierta repentinamente al hecho de que está pensando en una cosa muy distinta del objeto propuesto. Esto sucederá una y cien veces, y con paciencia debe volverla a traer al punto; es un procedimiento fastidioso y cansador, pero no hay otro medio de obtener la concentración. Es un ejercicio mental útil e instructivo, cuando la mente se ha deslizado de este modo sin que se note, el traerla de nuevo al punto haciéndola retroceder por el mismo camino por el cual se apartó. Este procedimiento aumenta el dominio del jinete sobre su desbocado corcel y disminuye así su inclinación a escapar. El pensar consecutivo, aunque es un paso hacia la concentración, no es una cosa idéntica, porque en el pensar consecutivo la mente pasa por una serie de imágenes y no está fija en una sola. Pero como es mucho más fácil que la concentración, el principiante puede usarlo como preparatorio de la otra tarea más difícil. Para un devoto es muchas veces más útil elegir una escena de la vida del objeto de su devoción, y el pintar vividamente la escena en sus detalles, de localidad, paisaje y colorido. De este modo la mente se afirma gradualmente en una senda, y, por último, se la puede conducir y fijarse en la figura principal de la escena, o sea el objeto de devoción. Al reproducirse la escena en la mente asume un sentimiento de realidad, y de este modo puede ser posible ponerse en contacto magnético con los anales de esta escena en un plano superior - la fotografía permanente de ella en el éter cósico - y obtener así un conocimiento mucho mayor de ella que el que puede haberle dado cualquier descripción. De este modo también el devoto puede ponerse en contacto magnético con el objeto de su devoción, y por medio de este contacto directo entrar en relación mucho más intima con él; pues la conciencia no se halla bajo ninguna limitación física de espacio, sino que está donde quiera que se halla consciente - circunstancia que ya ha sido explicada. La concentración misma, sin embargo, debe tenerse presente que no es este pensar consecutivo, y la mente tiene por último que ser firmemente atada al objeto único y permanecer fija en él, no razonando sobre él, sino, como dijéramos, extrayendo, absorbiendo su contenido.

LOS PELIGROS DE LA CONCENTRACIÓN

Existen ciertos peligros relacionados con la práctica de la concentración, respecto de los cuales hay que prevenir a los principiantes, pues muchos estudiantes, ansiosos en su deseo de avanzar mucho, van demasiado de prisa, y así se crean obstáculos en lugar de mayores facilidades. El cuerpo puede llegar a perjudicarse debido a la ignorancia y falta de cuidados del estudiante. Cuando un hombre concentra su mente, su cuerpo se pone en un estado de tensión que él nota y que es involuntario en lo que a su intención concierne; esta clase de relación de la mente y del cuerpo puede observarse en muchas cosas triviales: un esfuerzo para recordar algo ocasiona arrugas en la frente, los ojos se fijan y las cejas descienden; la atención firme es acompañada por fijeza de los ojos; la ansiedad por una mirada vehemente y atenta. Durante edades el esfuerzo de la mente ha sido acompañado por el esfuerzo del cuerpo, pues habiendo estado dirigida la mente por completo a suplir las necesidades del cuerpo por medio de esfuerzos corporales, ha establecido así una asociación que obra automáticamente. Cuando se principia la concentración, el cuerpo, siguiendo su costumbre, sigue a la mente y los músculos se ponen rígidos, y tirantes los nervios; de aquí que un gran cansancio físico, un agotamiento muscular y nervioso, un dolor agudo de cabeza, pueden seguir a los esfuerzos que se hagan; y así la gente es inducida a renunciar a tal ejercicio creyendo que estos malos efectos son inevitables. Es un hecho positivo que puede evitarse con una simple precaución. El principiante debe de vez en cuando interrumpir su concentración, lo suficiente para observar el estado de su cuerpo, y si lo encuentra cansado, tirante o rígido, debe abandonarla en el acto; cuando esto se ha hecho varias veces, los lazos de asociación se romperían y el cuerpo permanecerá flexible y descansando mientras la mente esté concentrada. Pantanjali dice que en la meditación la postura que se adopte debe ser "cómoda y agradable", pues el cuerpo no puede ayudar a la mente con su tensión y se perjudica. Quizás una anécdota personal no será permitida como ilustración del caso. Un día, mientras me hallaba bajo la educación deH.P.Blavatsky, me indicó que hiciese un esfuerzo de voluntad; lo hice muy intenso, y con el resultado de una gran hinchazón de los vasos sanguíneos de la cabeza. "Querida mía - dijo secamente -, no se quiere con los vasos sanguíneos". Otro peligro físico proviene del efecto producido por la concentración en las células nerviosas del cerebro. A medida que aumenta el poder de la concentración, a medida que la mente se aquieta y el Ego principia a obrar por medio de la misma, pone de nuevo a prueba las células nerviosas del cerebro. Estas células por supuesto, están constituidas fundamentalmente por átomos, y las paredes de estos átomos consisten en espiralillas a través de las cuales pasan las corrientes de energía vital. De estas espiralillas hay siete series, de las cuales sólo cuatro están en el uso; las otras tres están aún sin usar; son prácticamente órganos rudimentarios. A medida que las energías superiores descienden, buscando un contacto en los átomos, la serie de espiralillas que, adelantando la evolución, les servían de canal, son forzadas a entrar en actividad. Si eso se hace muy lenta y cuidadosamente, no resulta perjuicio alguno; pero la demasiada presión significa un daño para la delicada estructura de las espiralillas. Estos tubos diminutos y delicados, cuando no están en uso tienen sus lados en contacto, como tubos de suave goma elástica; si los lados son separados violentamente, puede resultar una rotura. Un sentimiento de torpeza y pesadez en todo el cerebro es la señal de peligro, si ésta se descuida, sobrevendrá un dolor agudo, seguido, quizá de una inflamación persistente. La concentración debe, pues, practicarse al principio con mucha parsimonia, y jamás debe llevarse hasta el punto del cansancio cerebral. Unos pocos minutos en cada vez es suficiente para principiar; tiempo que se debe alargar gradualmente a medida que se continúa la práctica. Pero por poco que sea el tiempo que se dedique a ello, debe hacerse con mucha regularidad; si se deja pasar un día de práctica, el átomo vuelve a su estado anterior y hay que comenzar de nuevo el trabajo. Una práctica regular constante, y no prolongada, asegura los mejores resultados y evita los peligros. En algunas escuelas de la llamada Hatha Yoga, se recomienda a los estudiantes que ayuden la concentración fijando la vista en algún punto negro en una pared blanca, y sosteniendo la fijeza de la mirada hasta que sobrevenga el estado de trance. Ahora bien: hay dos razones porque esto no debe hacerse. Primeramente, tal ejercicio, después de cierto tiempo, daña la vista, y los ojos pierden su poder de ajustamiento; y segundo, ocasiona una clase de parálisis cerebral. Esta principia con el cansancio de las células de la retina; así es que las ondas luminosas chocan en ella y que el punto desaparece de la vista, porque el sitio de la retina donde se formaba la imagen de aquél, pierde la sensibilidad a causa de una respuesta prolongada. Esta fatiga se extiende hacia adentro hasta que por fin sobreviene una especie de parálisis, y la persona pasa al estado hipnótico. En una palabra: el estimulo excesivo de un órgano de los sentidos es en Oriente un medio reconocido para producir la hipnosis, usándose con este objeto el espejo giratorio, la luz eléctrica, etcétera. Pero la parálisis del cerebro no solo detiene todo pensar en el plano físico, sino que hace el cerebro insensible a las vibraciones no físicas, de suerte que el Ego no puede impresionarlo; no pone en libertad al Ego, sino que solamente le priva de su instrumento. Un hombre puede permanecer semanas en un estado de trance provocado de este modo; pero cuando despierta no se encuentra más sabio que al principio del mismo. No ha adquirido conocimiento, sino que simplemente ha perdido el tiempo. Semejantes métodos no dan poder espiritual, sino que solamente producen incapacidad física.

RECEPTIVIDAD

La mayor parte de las personas son demasiado receptivas, pero esta receptividad es debida a la debilidad y no a la deliberada entrega de si misma a las influencias superiores. Por tanto, es conveniente aprender como nos podamos hacer normalmente positivos, y cómo podamos hacernos negativos cuando lo consideremos conveniente. El hábito de la concentración tiende por si mismo a fortalecer la mente, de suerte que se preste a ejercer dominio y selección respecto de los pensamientos que vienen de afuera, y ya se ha explicado como puede educársela, para que automáticamente rechace los males. Pero bueno será añadir, a lo que se ha dicho, que cuando un mal pensamiento penetra en la mente, es mejor no luchar con él directamente, sino utilizar el hecho de que la mente sólo puede pensar en una cosa a la vez; hacer que la mente se vuelva hacia el pensamiento y el malo será necesariamente expulsado. Al luchar contra algo, la misma fuerza que emanamos ocasiona una reacción correspondiente, aumentando así nuestro trabajo, al paso que al volver el ojo mental a una imagen desaparezca silenciosamente del campo de visión. Muchas personas gastan en vano los años en combatir pensamientos impuros, mientras que la ocupación tranquila de la mente con los puros no dejaría lugar para los asaltantes; además, a medida que la mente atrae a si materia que no responde al mal, se convierte gradualmente en positiva, en no receptiva para esa clase de pensamientos. Este es el secreto de la verdadera receptividad; la mente responde con arreglo a su constitución; responde a todo aquello que es de naturaleza semejante a la suya; la hacemos positiva respecto de lo malo, negativa hacia lo bueno, por medio de un pensar habitual bueno, construyendo en su misma fábrica materiales que son receptivos de lo bueno y no receptivos de lo malo. Debemos pensar en lo que deseamos recibir y negarnos a pensar en lo que no queremos admitir. Una mente semejante, en el océano del pensamiento que la rodea, atrae a si los pensamientos buenos, rechaza los malos, y de este modo se hace más pura y fuerte en medio de las mismas condiciones de pensamiento que hacen a otro más débil e impuro. El método para reemplazar un pensamiento por otro se puede utilizar con gran ventaja de muchos modos. Si un mal pensamiento respecto de otra persona penetra en la mente, debe ser en seguida reemplazado por un pensamiento de alguna virtud que posea, o de alguna buena acción que haya hecho. Si la mente está atormentada por la ansiedad, volvedla hacia el pensamiento del objetivo que la vida implica: la Buena Ley, que "poderosa y dulcemente ordena todas las cosas". Si una clase especial de pensamiento no deseable, importuna persistentemente, entonces conviene usar un arma especial: debe escogerse algún verso o frase que encare la idea opuesta, y siempre que el importuno pensamiento se presente, debe repetirse esta frase y detenerse en ella. En una semana o dos el pensamiento dejará de turbarnos. Es un buen plan de proporcionar constantemente a la mente algún pensamiento elevado, alguna palabra de ánimo, alguna aspiración de una vida noble. Antes de lanzarnos al tumulto del mundo, dia por dia, debemos dar a la mente este escudo de pensamiento bueno. Unas pocas palabras son bastantes, tomadas de alguna Escritura de la raza, y éstas, fijas en la mente por unas cuantas recitaciones en cada mañana, volverán a la mente una y otra vez durante el día, y se verá que la mente las repite cuando quiera que esté ociosa.

MEDITACIÓN

La meditación puede decirse que la hemos explicado ya, pues es sólo la actitud sostenida de la mente concentrada en un objeto de devoción, en un problema que necesita aclararse para ser inteligible, en alguna cosa cuya vida se quiere penetrar y absorber más bien que no la forma. La meditación no puede verificarse con eficacia hasta que se haya dominado, por lo menos parcialmente, la concentración; pues la concentración no es en fin, sino un medio para llegar a un fin; hace que la mente se convierta en un instrumento cuyo dueño puede usarlo a voluntad. Cuando una mente concentrada se dirige con fijeza a un objeto con el fin de atravesar el velo y de llegar a la vida y unirla a la vida a que pertenece la mente, entonces se verifica la meditación. La concentración puede considerarse como el moldeamiento del órgano, la meditación como su función. La mente se ha aguzado; entonces se la dirige y permanece firme con el objeto cuyo conocimiento se desea. Cualquiera que se determine a llevar una vida espiritual, tiene que dedicar diariamente algún tiempo a la meditación. Más bien podría sostenerse la vida física sin alimento, que la espiritual sin meditación. Los que no pueden disponer de media hora al día, durante la cual puedan abstenerse del mundo y su mente recibir una corriente de vida de los planos espirituales, no pueden llevar la vida espiritual. Sólo a la mente concentrada con fijeza, abstraída del mundo, puede lo divino revelarse. Dios se manifiesta en Su Universo bajo formas sin fin; pero dentro del corazón humano se muestra con Su Vida y Su Naturaleza. En este silencio, la paz, la fortaleza y la fuerza fluyen al alma, y el hombre de meditación es siempre el más eficaz del mundo. Lord Rosebery, hablando de Cromwell, lo describe como "un místico práctico", y declara que un místico práctico es la fuerza más grande del mundo. Esto es verdad. La inteligencia concentrada, el placer de abstenerse del tumulto, significa firmeza, dominio propio, serenidad; el hombre de meditación es el hombre que no pierde tiempo alguno, que no desperdicia energía, que no pierde ninguna oportunidad. Semejante hombre gobierna los sucesos, porque dentro de él se alberga el poder del cual los sucesos son la expresión externa; él comparte la vida divina, y, por tanto, comparte el poder divino.

MODO DE FORTALECER EL PODER DEL PENSAMIENTO

Podemos proceder ahora a dirigir nuestro estudio del Poder del Pensamiento a la cuestión de la práctica, pues el estudio que no conduce a la práctica es estéril. La antigua declaración siempre es verdadera: "El fin de la filosofía es poner término al dolor". Tenemos que aprender a desarrollar y después a usar nuestro poder del pensamiento para ayudar a los que nos rodean, los vivos y los llamados muertos, para apresurar la evolución humana, así como también nuestro propio progreso. El poder del pensamiento sólo puede aumentarse por la práctica firme y persistente; tan literal y verdaderamente como el desarrollo muscular depende del ejercicio de los músculos que ya poseemos, así el desarrollo mental depende del ejercicio de la mente que ya es nuestra. Es una ley de la vida que el desarrollo resulte del ejercicio. La vida, nuestro Yo, está siempre buscando una mayor expresión externa por medio de la forma que la contiene. A medida que es llamada afuera por medio del ejercicio, su presión sobre la forma hace que ésta se ensanche, y nueva materia es aportada a la forma, y de este modo una parte de la expansión se hace permanente. Cuando el músculo se alarga por el ejercicio, más vida fluye a él, las células se multiplican y el músculo se desarrolla de este modo. Cuando el cuerpo mental vibra bajo la acción del pensamiento, se le añade nueva materia de la atmósfera mental, la cual se asimila, aumentando así en tamaño y complejidad de estructura. Un cuerpo mental constantemente ejercitado crece, ya sean buenos o malos pensamientos en que se ejercite. La cantidad de pensamiento determina el desarrollo del cuerpo mental, la clase de pensamiento determina la clase de materia que se emplea en ese desarrollo. Ahora bien: las células de la materia gris del cerebro físico se multiplican a medida que el cerebro se ejercita pensando. Exámenes post mortem han demostrado que el cerebro del pensador, no sólo es más grande y más pesado que el cerebro del patán, sino también que tiene un número mucho mayor de circunvoluciones. Estas proporcionan un gran aumento de superficie a la materia gris, la cual es el instrumento inmediato físico del pensamiento. De este modo el cuerpo mental y el cerebro físico se desarrollan por medio del ejercicio, y los que quieran mejorarlos y agrandarlos, tienen que recurrir al pensar regular diario, con el propósito deliberado de mejorar sus capacidades mentales. Es innecesario añadir que los poderes inherentes al Conocedor se desarrollan también más rápidamente con este ejercicio, y funcionan sobre los vehículos con fuerza creciente. A fin de que pueda surtir todo su efecto, esta práctica debe ser metódica. Que un hombre escoja un libro valioso sobre algún asunto que le sea atractivo, un libro escrito por un autor competente, que contenga pensamientos nuevos y girosos. Debe leerse lentamente una sentencia o unas pocas, y luego el lector debe pensar con intensidad y fijeza sobre lo que ha leído. Es una buena regla el pensar dos veces mientras se lee, pues el objeto de leer no es simplemente adquirir nuevas ideas, sino el fortalecer las facultades pensantes. Si es posible, debe dedicarse media hora a esta práctica; pero el estudiante puede principiar con un cuarto de hora, porque en un principio encontraría algo fatigosa la fijeza de la atención. Toda persona que principie esta práctica y la continúe con regularidad durante algunos meses, al fin de este tiempo estará consciente de un desarrollo bien claro de la fuerza mental, y verá que puede tratar los problemas ordinarios de la vida de un modo mucho más efectivo que antes. La Naturaleza es una dueña muy justa en sus pagos, y da a cada cual exactamente el salario que se ha ganado, pero ni un céntimo que no haya merecido. Los que quieran tener el salario de la facultad aumentada tienen que ganarlo pensando mucho. La obra es doble, como ya se ha dicho.

De un lado los poderes de la Conciencia salen afuera; de otro, las formas, por medio de las cuales se expresa aquélla, son desarrolladas, y la primera no debe nunca olvidarse. Mucha gente reconoce el valor del pensar definido en lo que afecta el cerebro, pero olvidan que la fuente de todo es el Yo inmortal no nacido, y que ellos no hacen más que exteriorizar lo que ya poseen. Dentro de ellos ya reside todo poder y sólo tienen que utilizarlo, pues el Yo Divino es la raíz de la vida en cada uno, y ese aspecto del Yo que es conocimiento, existe en cada cual y está siempre buscando la ocasión para expresarse todo entero. El poder está en cada uno increado, eterno; la forma se moldea y se cambia, pero la vida es el yo del hombre, ilimitado en sus poderes. Ese poder que en todos reside, es el mismo poder que formó el Universo; es divino, no humano; es una parte de la vida del Logos e inseparable de Él. Si esto se comprendiese bien, y si el estudiante tuviese presente que no es falta de poder, sino lo inadecuado del instrumento, lo que constituye la dificultad, trabajaría muchas veces con más ánimo y esperanza, y, por tanto, con más eficacia. Debe llegar a sentir que su naturaleza esencial es conocimiento, y que de él depende que esta naturaleza esencial encuentre expresión en esta encarnación. Esta expresión está ciertamente limitada por los pensamientos del pasado; pero puede ser aumentada ahora y hecha más eficaz por el mismo poder que en ese pasado moldeó el presente. Las formas son plásticas y se prestan a ser moldeadas de nuevo aunque lentamente, por medio de las vibraciones de la vida. Sobre todo el estudiante debe tener presente que para un desarrollo firme es esencial la regularidad de la práctica. Cuando se omite un día de práctica, son necesarios tres o cuatro para volver a ganar lo que se pierde en aquél, cosa que sucede, por lo menos, en los primeros grados del desarrollo. Una vez adquirido el hábito de pensar con fijeza, entonces la regularidad de la práctica es menos importante. Pero hasta que este hábito no se haya establecido de un modo definitivo, la regularidad es de capital importancia, porque la costumbre antigua del pensar vago vuelve a afirmarse, y la materia del cuerpo mental vuelve a asumir sus antiguas formas, las cuales tienen que volver a desecharse cuando de nuevo se vuelve a principiar la interrumpida práctica. Es mejor cinco minutos de trabajo hecho con regularidad, que media hora unos días y nada en otros.

CAVILACIÓN: SU SIGNIFICADO Y EXTIRPACION

Se ha dicho con verdad que la gente se avejenta más en la cavilación que en el trabajo. El trabajo, a menos que sea excesivo, no perjudica el aparato del pensamiento, sino que, al contrario, lo fortalece. Pero el proceso mental conocido como "cavilación" lo perjudica de un modo definido, y después de cierto tiempo produce un agotamiento nervioso y una irritabilidad que hace imposible un trabajo mental firme. ¿ Qué es "cavilación"? Es el proceso de repetir la misma serie de pensamientos una y otra vez, con pequeñas variantes, sin llegar a resultado alguno, y sin siquiera pensar en obtener un resultado. Es la continua reproducción de formas de pensamiento iniciadas por el cuerpo mental y el cerebro, no por la conciencia, e impuesta a ésta por aquellos. Así como los músculos excesivamente fatigados no pueden estar en reposo, sino que se mueven sin sosiego aun en contra de la voluntad, así el cuerpo mental y el cerebro fatigados repiten una y otra vez las mismas vibraciones que los han causado y en vano trata el pensador de acallarlos para obtener reposo. El automatismo se presenta otra vez, la tendencia a moverse en la misma dirección ya emprendida. El pensador se ha detenido en un asunto penoso y ha tratado de llegar a una conclusión definida y útil. Fracasó en ello y cesó de pensar, pero no ha quedado satisfecho; deseando encontrar una solución y dominado por el temor le hace permanecer en un estado de ansiedad y desasosiego, causando un flujo irregular de energía. El cuerpo mental y el cerebro, bajo el impulso de esta energía y del deseo, bien que no dirigidos por el pensador, continúan moviéndose y lanzando las imágenes antes formadas y rechazadas. Estas son, por decirlo así, impuestas a su atención, y la serie vuelve una y otra vez. A medida que aumenta el cansancio preséntase la irritabilidad y reaccionan de nuevo las cansadas formas, y así la acción y reacción continúan en un circulo vicioso. El pensador es, en la cavilación, el esclavo de sus cuerpos servidores, y sufre bajo su tiranía. Ahora bien: este automatismo del cuerpo mental y del cerebro, esta tendencia a repetir las vibraciones ya producidas, puede usarse para corregir la inútil repetición de pensamientos perturbadores. Cuando una corriente de pensamientos ha hecho un canal -o sea una forma de pensamiento-, nuevas corrientes de pensamiento tienden a fluir por el mismo curso, siendo ésta la línea de menor resistencia. Un pensamiento que causa dolor, vuelve así prontamente atraído por la fascinación del temor, de la misma manera que un pensamiento que causa placer vuelve atraído por la fascinación del amor. El objeto del amor, el cuadro de lo que sucederá cuando lo que se prevé llegue a realizarse, forma así un conducto mental, un molde para el pensamiento e igualmente para el cerebro. La tendencia del cuerpo mental y del cerebro, no sujetos por trabajo alguno perentorio, es repetir la forma y dejar fluir la energía disponible por el canal ya construido. Quizás el medio mejor para deshacerse de un "un conducto de cavilación" sea abrir otro de carácter completamente opuesto. Semejante conducto es construido, como ya hemos visto, por un pensamiento definido, persistente y regular, así, pues, que la persona atormentada por la cavilación, dedique tres o cuatro minutos cada mañana, al levantarse, a algún pensamiento noble y alentador: "El Yo es la paz; ese Yo es mi yo. El Yo es la Fuerza; ese Yo es mi yo". Que piense cómo en su naturaleza más intima es uno con el Padre Supremo; que dentro de tal naturaleza es inmortal, inmutable, sin temor, libre, sereno, fuerte; cómo está revestido de vestimentas perecederas que siente el aguijón del dolor, el roer de la ansiedad, y cuán erróneamente considera a aquéllas como a si mismo. Meditando de esta manera, la Paz le envolverá y sentirá que es suya, que es su atmósfera natural. Al hacer esto día tras día, el pensamiento abrirá su propio conducto en el cuerpo mental y en el cerebro, y antes de mucho tiempo, cada vez que la mente se encuentre desocupada, el pensamiento de que el Yo es la Paz y la Fuerza se presentará sin llamarlo, envolviendo la mente en sus alas en medio del tumulto mismo del mundo. La energía mental fluirá naturalmente por este canal, y la cavilación será cosa del pasado. Otro medio es educar a la mente a reposar en la Buena Ley, establecer una costumbre de contento. Aquí el hombre reposa en el pensamiento de que todas las circunstancias arrancan de la ley y de que nada sucede por casualidad. Tan sólo lo que la ley nos trae es lo que puede alcanzarnos, cualquiera que sea la mano de la que externamente nos provenga. Nada que no sea lo que nos corresponda puede tocarnos; nada que no haya sido causado por nuestra propia voluntad y hechos; nadie puede perjudicarnos sino como instrumento de la ley, cobrando una deuda que debíamos pagar. Hasta cuando se prevé un dolor o un disgusto, se hará bien en hacerle frente con tranquilidad, en aceptarlo, en conformarse con él. La mayor parte del aguijonazo pierde su fuerza cuando prestamos nuestra conformidad a la Ley, cualquiera que aquél pueda ser. Y esto lo podemos hacer aún más fácilmente si recordamos que la ley siempre obra para libertarnos, para saldar las deudas que nos retienen aprisionados; y aun cuando nos acarrea el dolor, el sufrimiento, es sólo el camino de la dicha. Todo sufrimiento, sea el que sea, obra para nuestra dicha final, y su función es sólo romper los lazos que nos mantienen atados a la gigante rueda de los nacimientos y muertes. Cuando estos pensamientos se hayan hecho habituales, la mente cesará de atormentar con su cavilación, porque las garras de la cavilación no pueden penetrar en la fuerte coraza de la paz.

PENSAR Y CESAR DE PENSAR

Mucha fuerza puede obtenerse aprendiendo tanto a pensar como a dejar de pensar a voluntad. Mientras estamos pensando debemos lanzar toda nuestra mente dentro del pensamiento, y pensar lo mejor que podamos; pero cuando ha cesado el trabajo de pensar, debe abandonarse por completo, sin permitir que vague inútilmente, tocando el trabajo y abandonándolo como un bote que choca contra una roca. A una máquina no se la mantiene funcionando cuando no produce trabajo alguno, gastándola inútilmente; pero a la inapreciable máquina del pensamiento se la permite dar vueltas y más vueltas sin objeto, cansándola sin resultado alguno útil. El aprender a cesar de pensar, a dejar reposar la mente, es una adquisición del mayor valor. Así como los fatigados miembros recobran energías gozando en el reposo, así también la mente cansada encuentra alivio en el reposo completo. El pensar constante significa constante vibración, y la vibración constante un gasto continuo. Este gasto inútil de energía produce el agotamiento y la decadencia prematuras, y un hombre puede preservar el cuerpo mental y el cerebro más tiempo, aprendiendo a dejar de pensar cuando el Pensamiento no se dirige a algún resultado útil. Es verdad que "dejar de pensar" no es en modo alguno una cosa fácil. Es, quizás, aún más difícil que el pensar. Debe practicarse por periodos muy breves hasta que se adquiere el hábito, porque en un principio implica un gasto de fuerza en sostener la mente quieta. Que el estudiante, después de haber pensado firmemente, abandone el pensamiento, y así que cualquier pensamiento aparezca en la mente, aparte su atención del mismo. Que persistentemente rechace a todo intruso; si es necesario, imaginar un vacío como un paso hacia el reposo, y tratar de tener sólo conciencia de la quietud y oscuridad. La práctica en este sentido se hará cada vez más inteligible si se persiste en ella, y una sensación de quietud y paz animará al estudiante a continuar. Tampoco debe olvidarse de que la cesación del pensamiento, ocupado en actividades externas, es un preliminar necesario para trabajar en planos superiores. Cuando el cerebro ha aprendido a estar en reposo, cuando ya no reproduce sin descanso las truncadas imágenes de actividades pasadas, entonces se presenta la posibilidad de retirar la conciencia de sus vestimentas físicas y de su actividad libre a su mundo propio. Los que esperan dar tal paso adelante en esta vida presente tienen que aprender a cesar de pensar, porque sólo cuando "las modificaciones del principio pensante" son refrenadas en el plano inferior, puede obtenerse la libertad en el superior. Otro modo de dar reposo al cuerpo mental y al cerebro - mucho más fácil que la cesación del pensar- es cambiando de pensamiento. Un hombre que piense fuerte y persistentemente en un sentido, debe tener otra segunda línea de pensamiento lo más distinta posible de la primera, a la cual pueda dedicar su mente para proporcionarle descanso. La extraordinaria frescura y juventud del pensamiento que caracterizaba a William Ewart Gladstone en su ancianidad, era en gran parte resultado de las actividades intelectuales subsidiarias de la vida. Su pensamiento más fuerte y persistente se dedicaba a la política, pero sus estudios de teología y griego le empleaban muchas horas desocupadas.

Ciertamente que era un mediano teólogo, y lo que sabía de griego no soy competente para afirmarlo; pero aunque el mundo no se encuentre mas rico con sus sentencias teológicas, su propio cerebro se mantenía fresco y receptivo por medio de estos estudios. De otra parte, Charles Darwin se lamentaba en su vejez de que había dejado atrofiar por falta de uso aquellas facultades que podían referirse a asuntos extraños a su propio trabajo especial. La literatura y el arte no tenían para él atracción alguna, y sentía vivamente las limitaciones que se había él mismo impuesto por su completa absorción en una sola línea de estudios. El hombre necesita cambio de ejercicio en el pensamiento así como el cuerpo, de otro modo puede sufrir el calambre mental, como a algunos sucede con el calambre de escribir. Especialmente, quizás, es importante para los hombres entregados a asuntos mundanos absorbentes, el elegir un asunto que ocupe las facultades mentales, que no se hayan desarrollado en la actividad de los negocios, que se relacione con las artes, ciencias o literatura, en donde pueden encontrar recreo y cultura. Sobre todo los jóvenes debieran adoptar algún método semejante antes de que sus juveniles y activos cerebros lleguen al cansancio y al desaliento, y en la vejez encontrarán entonces en si mismos recursos que alegrarán sus decadentes días. La forma conservará su elasticidad por mucho más tiempo cuando se le proporciona de este modo descanso cambiando de ocupación.

EL SECRETO DE LA PAZ DE LA MENTE

Mucho de lo que ya hemos estudiado nos dice algo del modo de asegurar la paz de la mente; pero su necesidad fundamental es el claro reconocimiento y comprensión de nuestro lugar en el universo. Somos parte de una gran Vida que no conoce fracaso alguno, ninguna pérdida de esfuerzo o de fuerza, "que ordenando todas las cosas potente y armoniosamente, conduce a los mundos marchando hacia la meta". La noción de que nuestra vida es una unidad separada, independiente, combatiendo por símismacontra innumerables unidades separadas e independientes, es una ilusión de las más perturbadoras. Mientras consideremos de tal modo el mundo y la vida, la paz se hallará retirada de nosotros como un pináculo inaccesible. Cuando sintamos y sepamos que todos los yos son uno, entonces la paz de la mente será nuestra sin temor alguno de pérdida. Todas nuestras desdichas provienen de creernos unidades separadas, y de girar después en nuestros propios ejes mentales, pensando solamente en nuestros intereses separados, nuestros separados objetivos, nuestras alegrías y penas separadas. Algunos hacen esto respecto de las cosas inferiores de la vida, y son los menos satisfechos de todos, siempre arrebatando sin cesar el depósito general de bienes, y amontonando tesoros inútiles. Otros buscan siempre su propio progreso separado en la vida superior, gente buena y fervorosa, pero siempre descontenta y ansiosa. Siempre se están contemplando y analizando: ¿Adelanto? ¿Sé más de lo que sabía el año pasado?, y así por el estilo, ansiando continuas seguridades de progreso y concentrados sus pensamientos en sus propias ganancias internas. La paz no se encuentra en los constantes esfuerzos para satisfacer algo separado, aun cuando la satisfacción sea de clase superior. Se encuentra renunciando el yo separado, apoyándose en el Yo que es Uno, el Yo que se manifiesta en todas las etapas de la evolución, y en nuestro estado lo mismo que en cualquier otro, y en todos está contento. El deseo del progreso espiritual es de gran valor en tanto que los deseos inferiores envuelven y encadenan al aspirante; obtiene fuerza para libertarse de ellos por el deseo apasionado del desarrollo espiritual, pero no da ni puede dar la dicha, que sólo se encuentra cuando se desecha al yo separado y se reconoce al gran Yo como aquello para cuyo servicio vivimos en el mundo. Hasta en la vida ordinaria la gente no egoísta es la más feliz: aquellos que trabajan en hacer felices a otros y que se olvidan de sí mismos. Somos el Yo, y por tanto, las alegrías y pesares de otros son tan nuestros como suyos, y en la proporción en que sintamos esto y aprendamos a vivir de suerte que el mundo todo participe de la vida que fluye por nosotros, aprenden nuestras mentes el secreto de la paz. "Obtiene la paz aquel en quien todos los deseos fluyen como los ríos en el Océano, que está lleno de agua y permanece inalterable". Mientras más deseamos, tanto más la sed de la dicha - la cual es desdicha - aumentará. El secreto de la paz es el conocimiento del Yo, y el pensamiento "Ese Yo soy yo", ayudará a la obtención de la paz de la mente que nada puede turbar.

CAPÍTULO 7

AYUDAR A OTROS POR MEDIO DEL PENSAMIENTO

Lo más valioso de todo lo que consigue el que trabaja por el poder del pensamiento, es la mayor facultad para ayudar a los demás, a los débiles que no han aprendido a utilizar sus propios poderes. Con su propia mente y corazón en paz puede auxiliar a otros. Una simple clase de pensamiento puede auxiliar en su esfera, pero el estudiante deseará hacer algo más que dar un mero mendrugo al hambriento. Consideremos primeramente el caso de un hombre que se halle dominado por una mala costumbre tal como la de la bebida, y a quien un estudiante desease auxiliar. En primer lugar, debe asegurarse, si le es posible, a qué hora la mente del paciente es probable que se halle más desocupada, como, por ejemplo, la hora en que acostumbra acostarse. Si el hombre durmiese, tanto mejor. En tal momento, y para tal objeto, debe retirarse a un sitio apartado y pintarse la imagen mental del paciente del modo más vivido que pueda, como sentada enfrente de él, representándola claramente con todo detalle, de suerte que vea la imagen como si viese al sujeto mismo. (Esta claridad de la pintura no es esencial, por más que haga mucho más eficaz el proceso.) Luego debe fijar la atención en esta imagen y dirigir a ella, concentrándose todo lo posible, uno a uno y con toda lentitud, los pensamientos que desee imprimir en la mente del paciente. Debe presentarlos como imágenes mentales claras, exactamente como si estuviese dirigiéndole una serie de argumentos con la palabra. En el caso que hemos elegido, puede hacérsele presente vividas descripciones de las enfermedades y desgracias que acarrea la costumbre de la bebida, el agotamiento nervioso y el inevitable triste fin. Si el paciente duerme, será atraído hacia la persona que esté pensando de este modo en él y animará la imagen que de él ha sido formada. El éxito depende de la concentración y firmeza del pensamiento dirigidos al paciente, y su efecto será proporcional al desarrollo del poder del pensamiento. En semejante caso debe tenerse cuidado de no tratar de dominar, de ningún modo, la voluntad del paciente; el esfuerzo debe ser completamente dirigido a presentar a su mente las ideas que influyendo sobre su inteligencia y sentimientos, puedan estimularle a formar un juicio correcto y a hacer un esfuerzo para ponerlo en práctica. Si se intentase imponerle una determinada línea de conducta, y se consiguiese, muy poco se habría ganado entonces. La tendencia mental hacia los vicios no será cambiada por oponerle un obstáculo en satisfacerlos de cierta manera; detenida en una dirección, buscará otra, y un nuevo vicio reemplazará al antiguo. Un hombre a quien se obligue a la fuerza a la templanza por el dominio de su voluntad, se halla tan curado de su vicio como si se hallase en una prisión. Aparte de esto ningún hombre debe tratar de imponer su voluntad a otro, ni aun para hacerle bien. El desarrollo no se ayuda con semejante coerción; la inteligencia debe ser convencida, los sentimientos despertados y purificados: de otro modo no se consigue nada de positivo. Si el estudiante desea prestar alguna otra clase de auxilio a su pensamiento, debe proceder del mismo modo, ideándose la imagen de su amigo. Un deseo fuerte para su bien que se le envíe como un agente general protector, permanecerá a su lado por algún tiempo, como una forma de pensamiento proporcionado a la fuerza del mismo y de su voluntad, y le servirá de escudo contra el mal, actuando como una barrera contra los pensamientos hostiles, y hasta defendiéndole de peligros físicos. Un pensamiento de paz y consuelo, enviado del mismo modo, consolará y tranquilizará la mente rodeándola de una atmósfera de calma. La ayuda que a menudo se presta a otro por medio de la oración, es en gran parte de la clase que se ha descrito, siendo debido el frecuente éxito de la oración a la mayor concentración e intensidad que pone el piadoso creyente en su oración. Una concentración e intensidad semejantes acarrearían resultados similares sin el uso de la oración. Hay otro modo de que la oración sea eficaz algunas veces: llamar la atención de alguna inteligencia sobrehumana, o humana desarrollada, hacia la persona por quien se ruega; entonces puede venirle una ayuda directa, enviada por un poder que sobrepuje el del que ore. Quizá sea conveniente presentar aquí la observación de que el teósofo no bien instruido no debe alarmarse ni abstenerse de prestar el auxilio de pensamiento de que sea capaz, por temor de "intervenir en el Karma". Deje al Karma cuidarse de sí mismo, y no tema intervenir en él, ni más ni menos que si se tratase de la ley de la gravitación. Si puede ayudar a su amigo, que lo haga sin temor, confiando en que si puede hacerlo, es porque tal ayuda estaba en el Karma de su amigo, y que él mismo no es más que el dichoso agente de la Ley.

AUXILIOS A LOS LLAMADOS MUERTOS

Todo lo que podamos hacer por los vivos, por medio del pensamiento, podemos verificarlo aún más fácilmente respecto de los que han pasado antes que nosotros por las puertas de la muerte; pues respecto de ellos no existe ninguna materia física grosera que poner en vibración antes de que el pensamiento pueda llegar a la conciencia despierta. Después de la muerte, la tendencia del hombre es volver su atención internamente y vivir en su mente más bien que en un mundo externo. Las corrientes de pensamiento que acostumbraban lanzarse a lo exterior, buscando el mundo externo por medio de los órganos de los sentidos, se encuentran entonces rodeados de un vacío, causado por la desaparición de sus instrumentos. Es como un hombre que acostumbrado a lanzarse a través de un puente tendido sobre un abismo, se encontrase súbitamente detenido ante el vacío por haber desaparecido el puente. La reconstrucción del cuerpo astral que sigue inmediatamente a la pérdida del cuerpo físico, tiende a encerrar dentro las energías mentales para impedir su expresión externa. La materia astral, si no es perturbada por actos de los que quedan en la tierra, forman una coraza aisladora en lugar de un instrumento plástico, y mientras más pura y elevada haya sido la vida que ha terminado, tanto más completa es la barrera entre las impresiones de afuera y las sugestiones de adentro. Pero la persona que así es refrenada en la expansión externa de sus energías, es mucho más receptiva de las influencias del mundo mental, y por tanto puede ser auxiliada, consolada y aconsejada de un modo mucho más eficaz que cuando estaba en la tierra. En el mundo a que han pasado los que se han libertado del cuerpo físico, un pensamiento amante es tan palpable a los sentidos como aquí pueden serlo las palabras amantes o los tiernos cuidados. Así, pues, todos los que marchan deben ser seguidos por pensamientos de paz y de amor, por deseos de que pasen pronto a través de los valles de la muerte hacia las brillantes regiones superiores. Muchos son los que permanecen en el estado intermedio más tiempo del que de otro modo estarían, porque tienen el mal Karma de no poseer amigos que sepan cómo ayudarles desde el lado de acá de la muerte. Y si la gente en la tierra supiese ¡cuánto consuelo y dicha experimentan los viajeros que marchan hacia los mundos celestes, por medio de estos verdaderos mensajeros angélicos, o sean esos pensamientos de amor y de fortaleza; si supiesen la potencia que tienen para reanimar y consolar, ninguno quedaría abandonado por los que quedan atrás. Los queridos "muertos" tienen, seguramente, derecho a nuestro amor y cuidado, y aun aparte de esto, cuán grande es el consuelo para el corazón, que carece de la presencia que iluminaba su vida, de poder seguir sirviendo al ser amado, y rodeado en su marcha de los ángeles guardianes del pensamiento! Los ocultistas que fundaron las grandes religiones no descuidaron estos servicios, debidos por los que quedan en la tierra a los que parten de ella. Los indios tiene su Shraddha, por medio del cual ayudan en su camino las almas que han pasado al mundo próximo, apresurando su paso al Svarga. Las iglesias cristianas tienen misas y oraciones para los "muertos": "Concédele, Señor, la paz eterna, y permite que la luz perpetua brille sobre él", ruega el cristiano por su amigo del otro mundo. Sólo la sección cristiana protestante ha perdido esta feliz costumbre, con otras muchas cosas que pertenecen a la vida superior del hombre cristiano. ¡Que el conocimiento les devuelva pronto esta útil y auxiliadora práctica que la ignorancia les ha robado!.

TRABAJO DEL PENSAMIENTO FUERA DEL CUERPO

No debemos limitar nuestra actividad del pensamiento a las horas que empleamos dentro del cuerpo físico; pues puede trabajarse mucho más eficazmente con el pensamiento cuando nuestros cuerpos reposan tranquilamente dormidos. El proceso de "dormirse", es simplemente la retirada de la conciencia del cuerpo físico, revestida de sus cuerpos sutiles; aquél queda sumido en el sueño, mientras que el hombre mismo pasa al mundo astral. Libre de su cuerpo físico, es mucho más poderoso en lo que se refiere a los efectos que puede producir con su pensamiento; pero en la mayor parte de los casos no lo lanza fuera, sino que lo emplea dentro de sí en asuntos que le interesan en su vida de vigilia. Las energías de su pensamiento corren por sus acostumbrados moldes y trabajan en los problemas de cuya resolución se ocupa su conciencia en la vigilia. Dice el proverbio que "la noche es buena consejera"; el consejo, cuando hay que tomar una decisión importante, de "consultarlo con la almohada", son vagas intuiciones de este hecho de las actividades mentales durante el sueño. Sin ningún propósito deliberado de utilizar la inteligencia libertada, el hombre reúne y recoge el fruto de su labor. Sin embargo, los que procuran impulsar su evolución, en lugar de dejarla vagar, deben aprovecharse conscientemente de los mayores poderes que pueden ejercitar cuando están libres del peso del cuerpo físico. El modo de hacer esto es muy sencillo. Todo problema que requiera solución, debe tenerse tranquilamente en la mente cuando se va a dormir; no debe ser debatido ni argüido, porque impediría la venida del sueño, sino, por decirlo así, manifestado con claridad y dejado. Esto es suficiente para dar la dirección conveniente al pensamiento, y el pensador lo cogerá y se ocupará de él una vez libre del cuerpo físico. Por regla general, la solución se tendrá al despertar, esto es, el pensador la habrá impreso en el cerebro; y es un buen plan tener papel y lápiz al lado de la cama para anotar la solución en el momento de despertar; pues un pensamiento así obtenido se borra con mucha facilidad, por la agitación estimulante del mundo físico, y no se recobra fácilmente. Muchas dificultades de la vida pueden verse claramente de este modo, y un camino lleno de obstáculos allanarse. Y también muchos problemas mentales pueden encontrar su solución cuando se someten a la inteligencia libertada del cerebro denso. Del mismo modo puede el estudiante ayudar a cualquier ser de este mundo, o del otro, durante las horas de sueño. Debe pintarse mentalmente a la persona, y determinar encontrarla y ayudarla. La imagen mental atraerá junto a él a la persona y se comunicarán en el mundo astral. Pero en todos los casos en que cualquier emoción se despierte por el pensamiento del amigo - como puede suceder cuando se trata de alguno que ha fallecido – el estudiante debe tratar de calmarla antes de dormirse; pues la emoción causa un remolino en el cuerpo astral, y si este cuerpo está en un estado de fuerte agitación, aísla la conciencia y hace imposible que las vibraciones mentales pasen afuera. En algunos casos de tales comunicaciones en el mundo astral, puede quedar un "sueño" en la memoria despierta al paso que en otros no aparece rastro alguno. El sueño es los anales - a menudo confusos y mezclados con vibraciones extrañas - de la entrevista fuera del cuerpo, y debe considerarse así. Pero si no aparece rastro alguno en el cerebro, no importa, toda vez que las actividades de la inteligencia libertada no son coartadas por la ignorancia del cerebro que no las comparte. La utilidad de un hombre en el plano astral no está gobernada por los recuerdos impresos en el cerebro a la vuelta de la conciencia y este recuerdo puede estar por completo ausente, al paso que el trabajo más beneficioso puede ocupar las horas del sueño del cuerpo. Otra forma de trabajo del pensamiento que se recuerda muy poco y que puede hacerse, ya sea fuera o dentro del cuerpo físico, es el auxiliar las buenas causas, los movimientos públicos beneficiosos a la humanidad. El pensar en esto de un modo definido, es lanzar corrientes de auxilio de los planos internos del ser, y esto lo podemos considerar especialmente con relación al poder del pensamiento combinado.

EL PODER DEL PENSAMIENTO COMBINADO

La mayor fuerza que puede obtenerse por la unión de varias personas para ayudar en un asunto común a todos, es reconocida no sólo por los ocultistas, sino por todos los que saben algo de la ciencia más profunda de la mente. Hay la costumbre, por lo menos en algunas partes profundas de la cristiandad, de que al envío de alguna misión evangélica a determinado distrito, le preceda un pensamiento constante y definido. Una partida pequeña, por ejemplo, de católicos romanos, se reúne durante algunas semanas o meses antes del envío de una misión y prepara el terreno donde ha de trabajar, imaginándose el sitio, pensando estar presente allí, y luego meditando intensamente en algún dogma definido de la Iglesia. De este modo se crea una atmósfera de pensamiento en aquel distrito muy favorable a la propaganda de las enseñanzas católico-romanas, y los cerebros respectivos son preparados para recibir instrucciones. El trabajo del pensamiento será ayudado por la mayor intensidad que se le comunica por medio de la oración fervorosa, que es otra forma de trabajo de pensamiento que proviene del fervor religioso. Las órdenes contemplativas de la iglesia católica romana realizan mucho trabajo bueno y útil por medio del pensamiento, como hacen también los reclusos en las religiones indias y budhista. Dondequiera que una inteligencia pura y buena trabaja para ayudar al mundo, difundiendo pensamientos nobles y elevados, allí se lleva a efecto un servicio definido para el hombre, y el pensador solitario se convierte en uno de los que elevan al mundo. Un grupo de pensadores similares, tal como un grupo de teósofos, puede hacer mucho para propagar las ideas teosóficas en su propio distrito, conviniendo dedicar diez minutos al día en una hora determinada a pensar en una enseñanza teosófica. No es necesario que sus cuerpos se reúnan en un sitio, porque lo que se requiere es que sus mentes estén unidas. Supongamos un grupo decidido a pensar diariamente acerca de la reencarnación diez minutos al día a una hora fija, durante tres o seis meses. Multitud de formas poderosas de pensamiento llenarían el distrito elegido, y la idea de la reencarnación penetraría en gran número de mentes. Se pedirían informes, los libros que tratasen del asunto serían buscados, y una conferencia sobre el mismo, después de tal preparación atraería un auditorio ansioso e interesado. Dondequiera que haya personas llenas de interés que se combinen para esta clase de propaganda mental, se realiza un progreso fuera de toda proporción relativamente a las agencias físicas que se emplean.

CONCLUSIÓN

De este modo podemos aprender a utilizar las grandes fuerzas que existen en nosotros, y a utilizarlas con el mayor efecto. A medida que las usamos aumentará su potencia, hasta que con sorpresa y alegría veremos cuán gran poder de servir poseemos.

Téngase presente que continuamente estamos usando estos poderes inconsciente, espasmódica y débilmente, afectando siempre, ya sea por bien o por mal, a todos los que nos rodean en nuestra marcha en la vida. Y aquí tratamos de inducir al lector a que use estas mismas fuerzas de un modo consciente, potente y firme. No podemos impedir el pensar hasta cierto punto, por débiles que sean las corrientes de pensamiento que engendremos. Tenemos que afectar a los que nos rodean queramos o no; lo único que tenemos que decidir es si lo hacemos en sentido beneficioso o dañino, débil o fuertemente, de un modo vacilante o con determinado propósito. No podemos impedir que los pensamientos de otros toquen nuestras mentes; sólo podemos elegir cuáles debemos recibir y cuáles rechazar. Tenemos que afectar y ser afectados; pero podemos afectar a otros en su beneficio o en su daño, podemos ser afectados por lo bueno o por lo malo. En esto consiste nuestra elección, elección de trascendencia para nosotros y para el mundo.

Escoged bien; pues vuestra elección es breve y,
sin embargo, perdurable.

www.ingramcontent.com/pod-product-compliance
Lightning Source LLC
LaVergne TN
LVHW101925220826

846093LV00009B/373

* 9 7 8 2 3 5 7 2 8 5 4 9 1 *